Ingeborg Schober

Der Westcoast-Mythos

Eine leicht verklärte Erinnerung

Herausgegeben von Gabriele Werth

Reiffer

Ingeborg Schober
Der Westcoast-Mythos
Eine leicht verklärte Erinnerung

Herausgegeben von Gabriele Werth

Korrekturen: Martin Willems

Die *edition kopfkiosk* wird gestaltet und herausgegeben von
Andreas Reiffer | Bd. 06

ISBN 978-3-945715-76-5

Verlag Andreas Reiffer, Hauptstr. 16 b, D-38527 Meine
www.verlag-reiffer.de

»All right friends. You have heard the heavy groups. Now you will see morning maniac music. Believe me, yeah. It's a new dawn. Good morning, people!«

Grace Slick in Woodstock, 1969

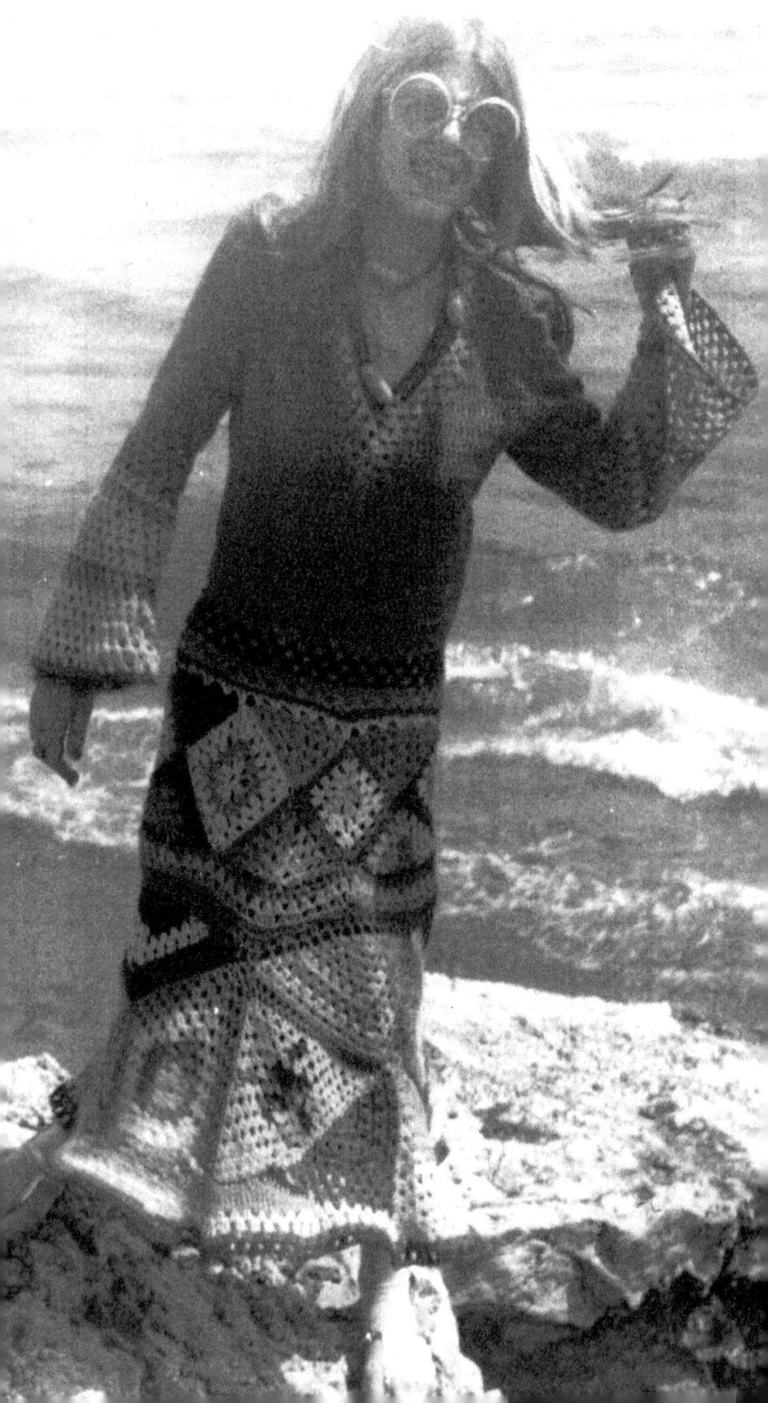

Inhalt

»I keep thinking that ›commercial‹, when teamed up with rock music, is an ugly word. That, I'm afraid, is very sixties thinking. The seventies are here and that's not the way it is any more. Rock is big business and that's that. I may not like it, but I can't change it any more than I can get the Beatles together again«

Lillian Roxon, *Sydney Morning Herald*, 23. Januar 1971

Die Westcoast zwischen Hipness und Business

1973 schrieb Ingeborg Schober eine fünfteilige Serie über die musikalischen Ereignisse und Entwicklungen an der amerikanischen Westcoast für die Musikzeitschrift *Sounds* – zum ersten Mal wurde so umfassend in der bundesdeutschen Presse darüber berichtet. Es ist eine Geschichte von Sehnsüchten, von Aufbruch, von neuen musikalischen Sounds und auch von der Vision gesellschaftlicher Veränderungen bis hin zu neuen Formen des Zusammenlebens. Aber die verflüchtigte sich schnell: Anfang der 70er Jahre zerbrach der Traum vom gemeinschaftlichen Leben in *Love and Happiness* und auch die Bands des sogenannten San-Francisco-Sounds wurden zum Spielball der großen Plattenfirmen – schnell zu horrenden Summen eingekauft und oft genug rasch wieder fallengelassen, wenn sie nicht mehr den einkalkulierten Profit brachten. Es war, wie es die Kult-Journalistin Lillian Roxon in dem obigen Zitat beschreibt: das Ende der Unschuld und der Beginn von Pop- und Rockmusik als Massenphänomen und Konsumartikel. Roxon, die 1973 mit 41 Jahren an einem Asthmaanfall verstarb und als »Mother of Rock« gilt, war ein Vorbild für Ingeborg Schober. Sie hatten auch einiges gemeinsam: Beide lebten in den Szenen über die sie schrieben, hatten einen ähnlichen, persönlich gefärbten Schreibstil. Sie verfassten beide ein Rock-Lexikon, wurden von Freund*innen aus der Rock-Szene enttäuscht, die, nachdem sie populär geworden waren, den Kontakt abbrachen – und beide benutzten das chinesische I Ging als eine Art Orakel, um sich auf den Tag einzustimmen.

Für Ingeborg war Lillians »Rock-Encyclopedia« eine der maßgeblichen, verlässlichen Quellen für ihre Westcoast-Serie, neben den amerikanischen Musikblättern *Crawdaddy*, *Creem* und *Rolling Stone* – gleichwohl auch diese damals schwer zu bekommen waren. Von den deutschen Schallplattenfirmen war keine Hilfe bei der Recherche zu erwarten. Noch 1967 erhielt man als Journalist*in von der deutschen Plattenfirma einen abschlägigen Bescheid, wenn man nach Infomaterial von den Mothers of Invention fragte, wie Rolf-Ulrich Kaiser in seinem 1969 erschienenen »Buch der Neuen Pop-Musik« berichtet; »[...] die interessieren uns nicht. Die passen nicht in unser Programm«, wurde ihm geantwortet. Entsprechend mager war die Ausbeute an Material, das Ingeborg von dort einsammeln konnte. Trotzdem ist ihre Serie bestens recherchiert und vollgepackt mit Infos und persönlichen Eindrücken.

Im ersten Teil wird die Geschichte der Beach Boys erzählt, von ihren musikalischen Anfängen unter ihrem energischen, erfolgssüchtigen Vater Murry, ihrer ersten, noch auf einem unabhängigen Label erschienenen Single und den frühen Alben mit dem für sie damals typischen Surf-Sound. Das zweite Thema: die Entwicklung der Folk-Szene in Kalifornien und schließlich, unter dem Einfluss der »British Invasion«, die Geburt der ersten »Frisco-Bands«, über die dann im zweiten Teil ausführlich berichtet wird: The Byrds, The Charlatans, Grateful Dead und Jefferson Airplane sowie die Entstehung einer alternativen Szene in San Francisco – Hippies, Yippies und Free Concerts. Teil 3 erzählt von Los Angeles, den gesellschaftspolitischen Aktivitäten, die von dort ausgingen und den Bands, die sich dort niedergelassen hatten: Buffalo Springfield, The Mothers of Invention und The Doors. John Phillips von The Mamas and the Papas veranstaltete im Juni 1967 zusammen mit dem Produzenten Lou Adler und dem britischen Journalisten Derek Taylor das legendäre Monterey Pop Festival. Für einige der dort spielenden Bands bedeutete die Teilnahme den Durchbruch: Schon hinter der Bühne – so erzählt man – wurden die ersten Verträge mit der Schallplattenindustrie abgeschlossen. Teil 4 der Serie beschreibt die Zeit der großen Festivals und endet mit Woodstock, »dem Anfang vom Ende des *Love & Peace*-Traums«, wie Ingeborg schreibt. Dazwischen zwei Texte, die aus der Reihe fallen und die Chronik der Ereignisse sehr passend bebildern: Eines der seltenen Interviews mit Marty Balin, dem Leadsänger der Jefferson Airplane, das sie während eines Open-Air-Gigs in den Londoner Parliament Hill Fields am 4. September 1968 führte. Und nur drei Tage später folgte ein Konzert der Doors im »Roundhouse« – auch den Bericht darüber fügte sie in den 4. Teil der Serie ein. In der fünften und letzten Folge erzählt sie, wie die Ereignisse in Altamont den Traum von der »Woodstock-Nation« für immer zerstörten. Noch heute vermittelt die Dokumentation »Gimme Shelter« über die 1969er US-Tour der Rolling Stones und ihren Abschluss in Altamont einen erschreckenden Einblick in die aufgeladene Atmosphäre während des Konzerts, die schließlich zur Ermordung von Meredith Hunter durch einen Hells Angel führte. Grace Slick, die mit ihrer Band ebenfalls auftrat, wobei Marty Balin von einem Hells Angel niedergeschlagen wurde, schrieb später in ihrer Biographie: »During our performance at Altamont I forgot my contact lenses – maybe I didn't want to see it.«

1972 endet Schobers Rückblick. »Die Westcoast lebt weiter, heute vielleicht nur ein wenig ungewöhnlicher als andere von Musik und Musikern geprägte Orte«, sagt sie am Schluss.

Die amerikanische Westcoast ist ein legendärer Ort geblieben, die Musik und die Bands werden immer noch gehört, ihre Hits sind unsterblich. Inzwischen ist viel über die Musik der 60er und 70er Jahre geschrieben worden. Ganz gewiss Genaueres, Umfassenderes – heute ist der Blick zurück ein anderer als der von 1973, denn für uns liegt alles in derselben Vergangenheit. Ingeborgs Schobers Text kann also nur ein fragmentarisches Stück Vergangenheit sein, enthält aber die meisten Fakten, Erzählungen, Ereignisse und Musik der Westcoast dieser Zeit. Ergänzend dazu: zwei Ausschnitte aus ihrem Buch »Tanz der Lemminge« von 1967 und 1973, die ein wenig von dem erzählen, was sie persönlich in dieser Zeit erlebte.

Der Verlag und ich hatten in Erwägung gezogen, den »Westcoast-Mythos« mit in das von mir herausgegebene Buch mit Texten von Ingeborg Schober, »Die Zukunft war gestern«, hineinzunehmen. Aber der Umfang war größer, als ich zuerst dachte und der fünfte Teil war nicht einmal in meinem Archiv der Schober-Texte vorhanden. Schon Ende der 60er hatte sie kleine Texte über die kalifornische Szene für das Magazin *Hit* geschrieben, eine Zeitschrift für die sogenannten jungen Leute, die nach einigen Jahren wieder eingestellt wurde. Ich erinnere mich noch gut daran, dass Ingeborg großen Wert auf ihre Westcoast-Reihe legte: Es war ihre erste große Arbeit für ein Musikmagazin. Umso mehr freut es mich, dass nun ein Buch diese Serie erstmals vorstellt.

Ingeborg Schober, 1947 in Sonthofen geboren, war die erste bundesdeutsche Rockmusikjournalistin. In einer Zeit, wo das Schreiben über Musik erst dabei war, eine eigene Sprache zu finden, fand sie die richtigen Worte. Nicht nur auf dem Papier, in Reportagen,

Essays, Plattenkritiken und Konzertbesprechungen, sondern auch später in ihren Sendungen beim Bayerischen Rundfunk. Auch nach ihrem viel zu frühen Tod im Jahr 2010 wird sie nach wie vor von Fans und Kolleg*innen geschätzt und bleibt Vorbild für journalistische Leidenschaft und stetiges Interesse für neue Bands und aufregende Sounds. Unvergessen bleibt sie bei ihren Freund*innen und Weggefährt*innen, von denen einige in »Die Zukunft war gestern« ihre persönlichen Erinnerungen an sie geteilt haben – darunter Journalisten und Autoren wie Ernst Hofacker, Johannes Waechter, Karl Bruckmaier und Manfred Gillig-Degrave, die Münchner Kulturmanagerin Gaby Dos Santos und Musiker wie Helmut Hattler und Bela B. »Der Westcoast-Mythos« wurde einem Faktencheck unterzogen und dort korrigiert, wo es nötig war, die Rechtschreibung wurde behutsam angepasst. Neben Faksimiles aus der Original-Serie haben wir drei Fotos hinzugefügt.

Als Herausgeberin danke ich vor allem meinem Verleger Andreas Reiffer, der die Idee zu einem weiteren Buch mit Ingeborgs Texten hatte. Ein herzliches Dankeschön für Hilfe und Unterstützung auch an Andrea Fink, Alexis Reisenhofer, Maik Brüggemeyer und Martin Willems. Und ein besonderer Dank geht an Ernst Hofacker – mit dir über Popmusik zu reden, ist immer eine Freude und ein Gewinn: »It's Only Rock'n'Roll (But I Like It)«!

Gabriele Werth

DER WESTCOAST MYTHOS

Eine leicht verklärte Erinnerung

von Ingeborg Schober

kaufte ich von den Jefferson Airplane SURREALISTIC PILLOW. Da begann meine S
ationen über die Westcoast, aber je länger ich forschte, um so mehr begriff ich, daß es unr
formationen wie ein Puzzlespiel zusammenzusetzen und am Schluß ein Ganzes vor sich zu
so früh passiert, daß wir es nicht gemerkt haben, zu viel gleichzeitig, und die wenigen Inf
ark gefiltert zu uns gekommen. Als die Westcoastplatten bei uns eintrafen, war die eiger
auf der Überfahrt gestorben. Diese Musik, für die ich schwer eine Definition fi
ie zu vielseitig und unterschiedlich ist, hat genauso viel ausgelö
eatles damals 1963. Deshalb mein Versuch, ein
in die sehr verworre-
estcoastberichterstat-
zu bringen, ein paar
n abzubauen, nicht
ingt zu zerstören,
s rechte Licht rücken
d einige Informatio-
zu vermitteln, die
cht noch nicht be-
sind.

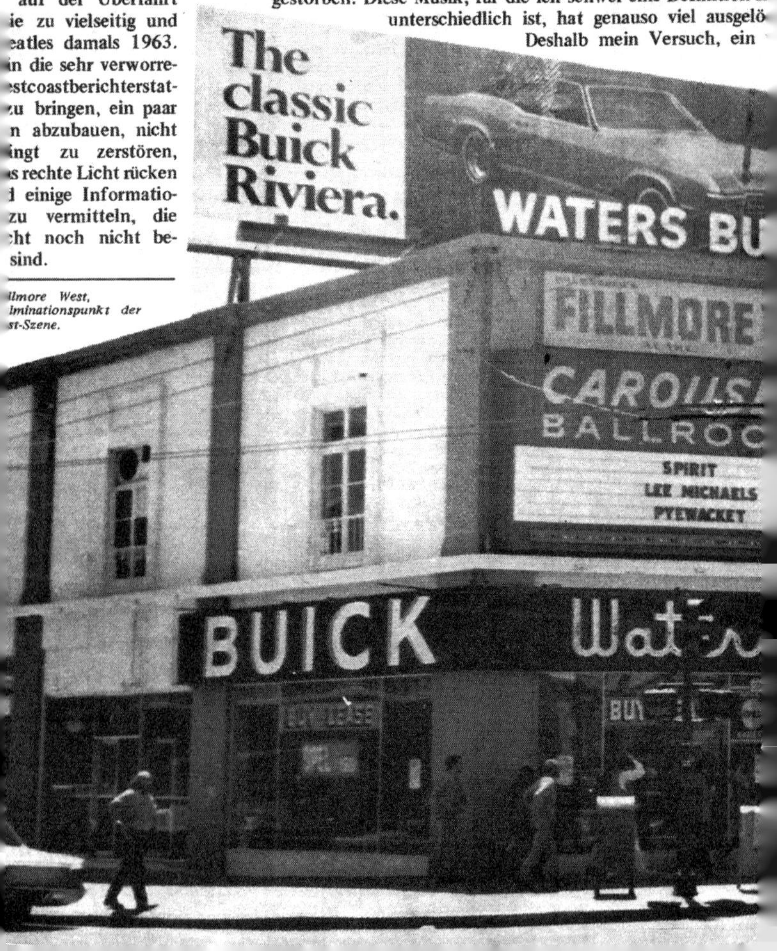

illmore West, lminationspunkt der st-Szene.

Der Westcoast-Mythos
Eine leicht verklärte Erinnerung

1967 kaufte ich von den Jefferson Airplane »Surrealistic Pillow«. Da begann meine Suche nach Informationen über die Westcoast, aber je länger ich forschte, umso mehr begriff ich, dass es unmöglich ist, alle Informationen wie ein Puzzlespiel zusammenzusetzen und am Schluss ein Ganzes vor sich zu haben. Zu viel ist so früh passiert, dass wir es nicht gemerkt haben, zu viel gleichzeitig, und die wenigen Informationen sind stark gefiltert zu uns gekommen. Als die Westcoast-Platten bei uns eintrafen, war die eigentliche Idee schon auf der Überfahrt gestorben. Diese Musik, für die ich schwer eine Definition finden kann, weil sie zu vielseitig und unterschiedlich ist, hat genauso viel ausgelöst wie die der Beatles damals 1963. Deshalb mein Versuch, ein wenig Ordnung in die sehr verworrene Westcoast-Berichterstattung zu bringen, ein paar Mythen abzubauen, nicht unbedingt zu zerstören, aber ins rechte Licht rücken – und einige Informationen zu vermitteln, die vielleicht noch nicht bekannt sind.

Westcoast ist, musikalisch gesehen, ein Teil Kaliforniens am Pazifischen Ozean zwischen Berkeley und Los Angeles. Die einzelnen Städte, vor allem aber San Francisco (Frisco) und Los Angeles, kurz L.A., haben dabei eine sehr unterschiedliche Entwicklung durchgemacht. Jede Stadt hatte ihre eigene *Scene*, ihre eigenen Gruppen und Lokale. Der Westcoast-Sound entstand eigentlich erst nach 1967. San Francisco, eine Hafenstadt mit Slums, in der viele Lateinamerikaner hausten, in der Seeleute aus aller Welt sich ansiedelten und gestrandete oder reiche Goldsucher aus Nevada hängenblieben. San Francisco war ein Schmelztiegel der Nationalitäten, der Sprachen und Musikstile. So ist es nicht verwunderlich, dass Frisco-Gruppen vom Blue Grass, Folk, R&B, Rock'n'Roll, Blues über internationale Folklore alles aufweisen. Die Vorbedingungen waren ideal. Die Musik lag sozusagen auf der Straße.

L.A. dagegen war eine Stadt des großen *business* und *amusements* gleichzeitig. Durch Hollywood zu Reichtum und Berühmtheiten gekommen, die es bevorzugten, in Beverly Hills, Laurel Canyon oder Topanga Canyon zu wohnen; mit Tonstudios und Künstleragenturen ausgestattet, mit Managern, Promotion-Leuten, Journalisten und unentdeckten Talenten, wartete es nahezu auf eine neue Entwicklung, nachdem das Filmgeschäft im Sterben lag. Man kam nicht mehr nach Hollywood, um für den Film entdeckt zu werden, sondern für eine Platte. Zahlreiche Gruppen wohnen heute da, Musiker aus aller Welt, an die 318 eingetragene Plattenhändler, Hunderte von Plattenstudios, Clubs, wichtige Persönlichkeiten. L.A. ist die Stadt der »plastic« aber »fantastic« people,

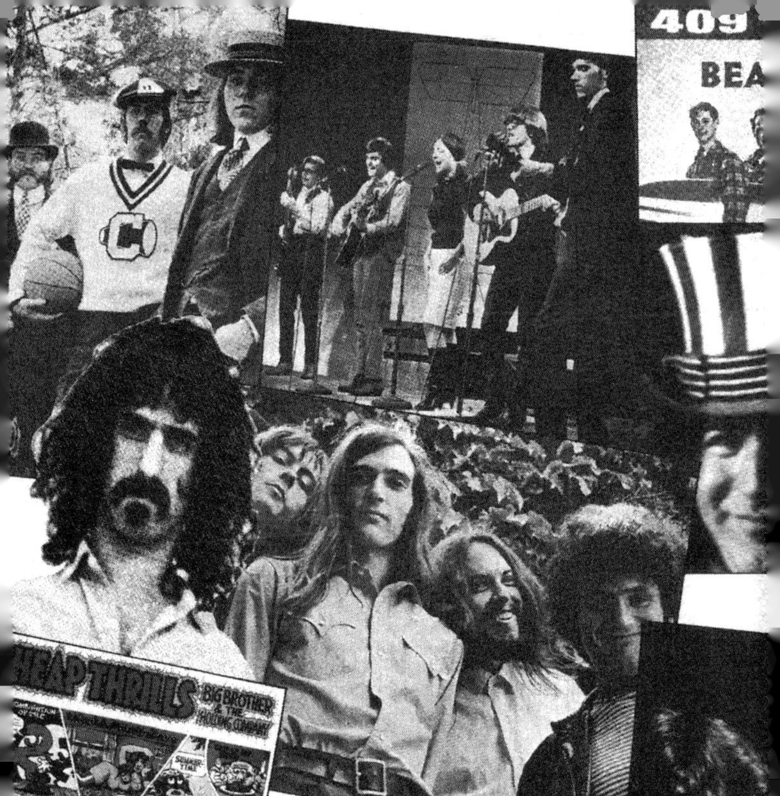

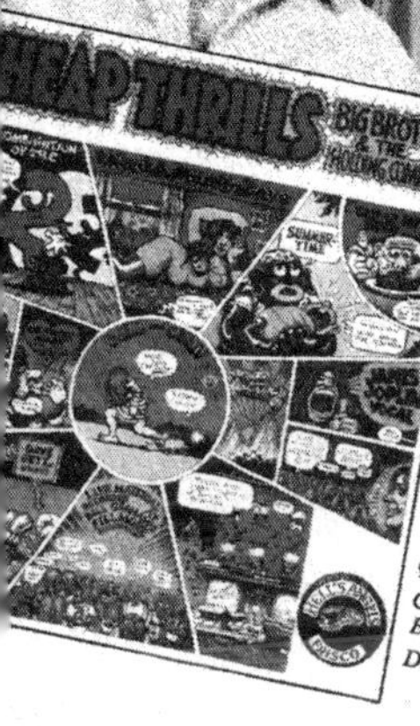

(von oben links)
Die „unglaublichen'' Charlatans waren wahrscheinlich die erste Frisco-Group. (Anfang '65)
Jefferson Airplane, hier noch mit Signe Anderson, die bald durch Grace Slick ersetzt wurde ('65/66)
Die Beach Boys auf ihrem ersten Single (Juni '62)
Das erste Album der Grateful Dead. ('67)
Frank Zappa, unser aller Mutter.
QuicksilverMessengersService, ebenfalls'65 gegründet.
Cheap Thrills ('68), das zweite Album von Big Brother And The Holding Company
Die Doors entstanden '66/67 in L.A.

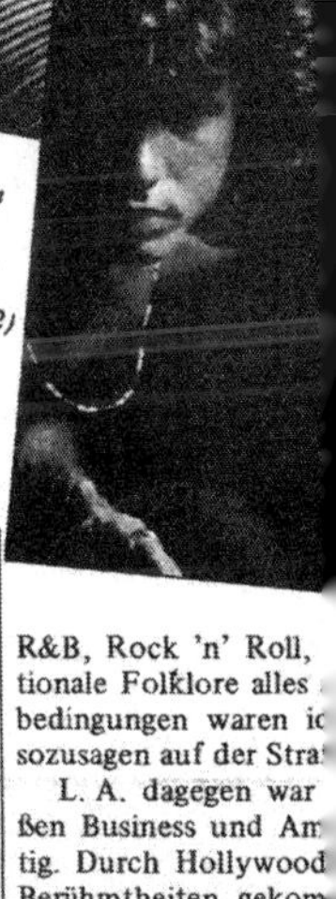

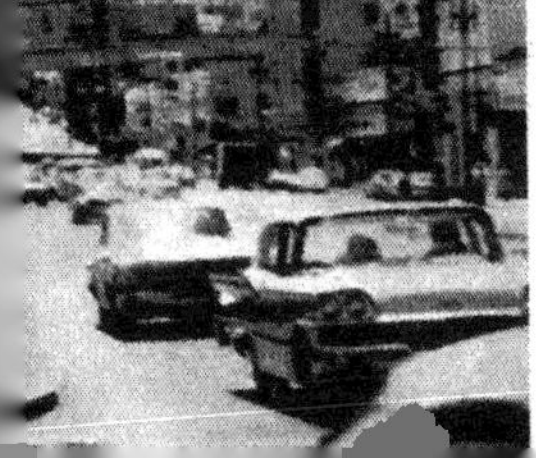

Westcoast ist, musikalisch gesehen, ein Teil Kaliforniens, am Pazifischen Ozean, zwischen Berkeley und Los Angeles. Die einzelnen Städte, vor allem aber San Franzisco (Frisco) und Los Angles, kurz L. A., haben dabei eine sehr unterschiedliche Entwicklung durchgemacht. Jede Stadt hatte ihre eigene Scene, ihre eigenen Gruppen und Lokale. Der Westcoastsound entstand eigentlich erst nach 1967. San Franzisco, eine Hafenstadt mit Slums, in der viele Lateinamerikaner hausten, in der Seeleute aus aller Welt sich ansiedelten, und gestrandete oder reiche Goldsucher aus Nevada hängenblieben. San Franzisco war ein Schmelztiegel der Nationalitäten, der Sprachen und Musikstile. So ist es nicht verwunderlich, daß

R&B, Rock 'n' Roll,
tionale Folklore alles
bedingungen waren ic
sozusagen auf der Stra

L. A. dagegen war
ßen Business und Am
tig. Durch Hollywood
Berühmtheiten gekom
zugten, in Beverly H
oder Topanga Canyo
Tonstudios und Künst
stattet, mit Managern
Journalisten und uner
wartete es nahezu auf
lung, nachdem das F

von denen die Mothers of Invention singen. Es ist die Stadt der coolen Geschäftemacher, der relaxten Partys und der High-Society-Ereignisse, eine Stadt der Gegensätze, manche Musiker verdammen sie als Hölle, manche bezeichnen sie als das Paradies auf Erden. Eines scheint klar zu sein, L.A. ist keine gewöhnliche Stadt.

In gewisser Weise war alles, was Los Angeles hervorbrachte, Superstars – entweder gar nichts oder Superstars!

Die Wilson-Brüder

Und weil die Wilson-Brüder bei L.A. aufwuchsen, mussten sie, als Musiker, entweder unentdeckte Genies oder aber Superstars werden. Dass sie letzteres wurden, haben sie wohl in erster Linie dem Ehrgeiz ihres Vaters Murry Wilson zu verdanken. Die Wilson-Brüder Brian, Dennis und Carl wuchsen in den bescheidenen Verhältnissen einer Nachkriegssiedlung, Harthorne/Kalifornien auf. Ihr Vater handelte mit schweren Maschinen, aber seine eigentliche Liebe galt der Unterhaltungsmusik. Er schrieb zahlreiche Songs, meist im Stil der 20er Jahre, einige wurden auch verlegt, die meisten trug er jedoch seiner Familie und Freunden an der elektrischen Hammondorgel vor. Murry glaubt, dass vor allem der ständige Umgang mit der amerikanischen Alltagsmusik den Sound der Beach Boys geprägt hat, und ich möchte ihm da nicht widersprechen.

Auch die Familie Mike Loves, des Cousins der drei Wilsons, war sehr musikalisch. Mrs. Love veranstaltete öfters Konzerte für Freunde, und bei einem solchen Konzert trug Brian mit acht Jahren eine Eigenkomposition seines damals 9 1/2-jährigen Cousins Mike, ein hymnenähnliches Lied, »The Old Soldier« vor. Murry, nicht nur stolz, sondern auch eifersüchtig, nahm die Melodie und schrieb dazu einen eigenen Text: »By My Side/When Jesus Calls His Soldiers«. Von da ab trug Brian, zur Belustigung der Erwachsenen, beide Versionen vor.

Vielleicht ist vieles an Brians unberechenbaren, späteren Einfällen schon auf diese gewisse Manipulation im Kindesalter zurückzuführen. Murry, der Brian für ein ebenso gottbegnadetes Genie hält wie Henry Mancini, griff daher sehr früh ein – damit aus seinen Söhnen das wurde, was ihm vorenthalten wurde. Das war um 1961. Die Wilsons und Mike Love, sowie der Schulfreund Al Jardine übten nur aus reinem Vergnügen in der Freizeit Four-Freshmen-Songs ein, die gerade sehr populär waren. Ich selbst kann mich an diese Musik nicht erinnern, weiß nicht einmal, ob ich sie jemals gehört habe; damals gab es hier eigentlich nur deutsche, seichte Schlager oder Paul Anka und Elvis Presley.

In Kalifornien aber war Surfing *in* und Motorrad- und Autorennen. Dennis, der wildeste der Wilsons, der natürlichste und der draufgängerischste, war ein fanatischer Surfer und er bedrängte Brian und Mike, ein Lied darüber zu schreiben. So entstand »Surfin'«, die allererste Single, von der Vater Murry gar nicht begeistert war; zu grob und unmelodisch war sie ihm.

Aber Murrys Verleger, Hite Morgan, war interessiert an dem Lied. Er nahm es in seinen Verlag und am 27.11.1961 erschien »Surfin'« auf dem unabhängigen Candix-Label. Den Namen Beach Boys erfand der zuständige Mann der Plattenfirma, Russ Reagan, der auch dafür sorgte, dass drei Rundfunkstationen in L.A. stündlich die Single einsetzten, und das 24 mal am Tag. Kurz darauf war »Surfin'« in der Hitparade an 76. Stelle.

On The Road

Während also die Beach Boys ihre erste Single mit Hilfe ihres Vaters erfolgreich gelandet hatten, während zahlreiche Beatnik-Literaten ihre Romane über Erlebnisse *on the road* veröffentlichten (Jack Kerouac, Allen Ginsberg, Norman Mailer etc.), machten sich viele Jugendliche allein auf, nur mit einem akustischen Banjo oder einer Stimme, um in Kaffeehäusern und Clubs zu singen und zu spielen und quer durch Amerika zu tingeln. Einer davon war Bob Dylan, der nach New York kam um Woody Guthrie, den er verehrte, kennenzulernen und dann dort entdeckt wurde. 1961 unterschrieb er seinen ersten Plattenvertrag und 1962 kam die erste LP »Bob Dylan«, produziert von John Hammond, die bald einiges ins Rollen bringen sollte, heraus; kurz darauf eine seiner Singles, »Blowin' In The Wind«, die man wohl als Klassiker des Folk bezeichnen darf. Während also die Folksinger, Blue-Grass-Musiker, Jug Bands und Bluessänger unterwegs waren, spielten die Beatles mit Tony Sheridan im Hamburger »Star-Club«.

In San Francisco schlossen sich ein paar Schulfreunde, John und Tom Fogerty, Lead- und Rhythmusgitarre, Stu Cook, Bass, und Doug Clifford, Schlagzeug, als Blue Velvets zusammen, einer Gruppe, die nach fast zehn Jahren Ausdauer unter dem Namen Creedence Clearwater Revival eine der bekanntesten späteren San-Francisco-Bands werden sollte. Sie begleiteten einige R&B-Künstler, deren Songs in die Frisco-Hitparaden gelangten, doch die Blue Velvets hatten noch einige harte Jahre vor sich.

Etwa zur selben Zeit traf in Palo Alto, einem Künstlernest, Treffpunkt für die ausgeflipptesten Beatniks, Herumhänger und Verlorengegangenen, der Gitarrist Jerry Garcia, gerade unehrenhaft aus der Armee entlassen, Bob Hunter, der für einige Zeit sein Gesangspartner, später der Texter der Grateful wurde, ein. Und Marty Balin, ein Schauspieler, Künstler, oder was immer, der aus Kanada kam, schloss sich als Folksänger den Town Criers an. In Chicago wurde ein Junge namens Jim McGuinn, der später als Roger McGuinn mit den Byrds weltberühmt werden sollte, kurz vor seinem Abitur von einer Country-Folk-Gruppe namens Limeliters, die er im »Ash Grove«, einem Folkclub von L.A. kennengelernt hatte, angerufen. Sie baten ihn, eine sechswöchige Tournee mitzumachen. Jim McGuinn blieb nicht lange. Bald erhielt er einen Anruf vom Chad Mitchell Trio, mit dem er zweieinhalb Jahre Nord- und Südamerika bereiste und mit 19 Jahren schon in der ehrwürdigen »Carnegie Hall« spielte. Jim, der auf der Schule ein brennendes Interesse für Physik, Chemie und Mathematik hatte und bis heute mit wahrer Begeisterung an technischen Dingen tüftelt, wünschte sich mit 14, nachdem er einige Live-Auftritte von Elvis Presley gesehen hatte, eine Gitarre und bekam sie Gott sei Dank auch. Nach einigem Selbststudium ging er auf die Old Town School Of Folk Musik in Chicago und wurde ein Anhänger von Pete Seeger.

Surf-Sound

Während die einen Surf, die anderen Folk oder Beat entwickelten, geschahen einige politische Dinge, die erhebliches Aufsehen erregten: die Kuba-Krise brach aus, General Taylor sprach sich im Oktober 1961 für einen größeren Einsatz der USA in Vietnam aus, die Berliner Mauer wurde errichtet, und wir West-Deutschen wurden gebeten, für unsere Brüder und Schwestern hinter dem Eisernen Vorhang am Heiligen Abend Kerzen ins Fenster zu stellen.

In den Hitparaden standen »Exodus« und »Wonderland By Night« von Bert Kaempfert. Das war das Jahr, in dem der erste Single-Erfolg der Beach Boys landete. Hite Morgan, der Musikverleger, hielt die Gruppe für eine Eintagsfliege. Er wünschte ihnen viel Glück und riet Vater Murry, es in Zukunft selbst zu versuchen, was Morgan (laut Murry) bis Ende 1971 allein 2.700.000 Dollar gekostet hat. Al Jardine verließ die Gruppe, um Zahnmedizin zu studieren, dafür kam David Lee Marks dazu. Murry klapperte also tapfer und erfolglos Plattenfirmen ab. Bis er zufällig bei Capitol in Nick Venet rannte, dem damals einzigen leitenden Angestellten unter 62. Er spielte ihm das selbst produzierte Demonstrationsband von »Surfin' Safari/409« vor, und Venet wusste sofort, dass er da eine doppelseitige Sensation vor sich liegen hatte. Von da an war Venet Produzent und Murry auch. Sie konnten sich nicht ausstehen, Murry bezichtigte Venet fauler Tricks, Venet Murry zu viel persönliches Interesse an der Beach-Boys-Musik – außerdem gingen ihm die stundenlangen Gespräche Murrys über seine eigenen Kompositionen auf den Wecker. Carl Wilson über Venet: »Brian wollte nichts mit ihm zu tun haben.« Vater Murry kämpfte wie eine Löwenmama für ihre Jungen, viereinhalb Monate, dann hatten sie gesiegt.

Sie hatten erreicht, was damals als Sensation galt: sie durften für Plattenproduktionen nicht-hauseigene,

Folk-Club von L. A.
angerufen. Sie baten
:e Tournee mitzu-
nn blieb nicht lange.
:n Anruf vom Chad
dem er zweieinhalb
amerika bereiste und
ı in der ehrwürdigen
e. Jim, der auf der
es Interesse für Phy-
thematik hatte, und
rer Begeisterung an
üftelt, wünschte sich
einige Live-Auftritte
sehen hatte, eine Gi-
, gottseidank , auch.
studium ging er auf
own *School Of Folk*
nger von Pete Seeger.

Sound

:n Surf, die anderen
vickelten, geschahen
nge, die erhebliches
lie Kuba-Krise brach
sprach sich im Okto-
größeren Einsatz der
s, die Berliner Mauer
wir West-Deutschen
unsere Brüder und
m Eisernen Vorhang
Kerzen ins Fenster zu

pelseitige Sensation vor sich liegen hatte. Von da an war Venet Produzent und Murray auch. Sie konnten sich nicht ausstehen, Murray bezichtigte Venet fauler Tricks, Venet Murray zu viel persönliches Interesse an der Beach Boys Musik – außerdem gingen ihm die stundenlangen Gespräche Murrays über seine eigenen Kompositionen auf den Wecker. Carl Wilson über Venet: „Brian wollte nichts mit ihm zu tun haben.“ Vater Murray kämpfte wie eine Löwenmama für ihre Jungen, viereinhalb Monate, dann hatten sie gesiegt.

Sie hatten erreicht, was damals als Sensation galt: sie durften für Plattenproduktionen nicht-hauseigene, bessere Studios verwenden, sich jüngere Tontechniker anheuern, Studiotermine verschieben oder überziehen, Plattenaufnahmen für Essenspausen unterbrechen, und sogar zwischendrin die Studios verlassen. Brian, so sagte jemand, hat die Westcoast für Produzenten und Musiker liberalisiert – aber auf seine Kosten. Danach bat Venet Murray, sich lieber um den familieneigenen Musikverlag und das Management zu kümmern, und das Produzieren ihm allein zu überlassen. Venet verdächtigte Murray auch der Idee (was damals übrigens ganz branchenüblich war), eine Single mit der A-Seite

net. Brian schaffte es, die ge
kanische Unterhaltungsmusi
genwillige Harmonien (Murra
in 6teiligen Harmonien, and
2- oder 3teiligen“), den ab d
baren mehrstimmigen Fals
dem Be-Bob-A-Do-Wah zu ve
damit den „Surf-Sound“ zu
noch heute für sonnige, leick
Musik steht. Brians Dilemm
gentlich erst, als er glaubt
ständig steigenen Niveau se
sitionen müßten auch die Tex
ter, besser werden – anstatt
darauf verzichtet hätte. Bea
sang ist für mich noch imm
Hauptinstrument als eine Te

Murray drückte die Grup
fang an nach unten, um bes
gen, Ergebnisse und Möglic
auszuholen. Die ersten 9 M
„Surfin“ durften sie nur in k
auftreten, z. B. in Inglewoo
in Sacramento. Doch Ende
jemand Murray zu einer W
und zwar mit der Behauptu
Beach Boys niemals so viel
The Ro

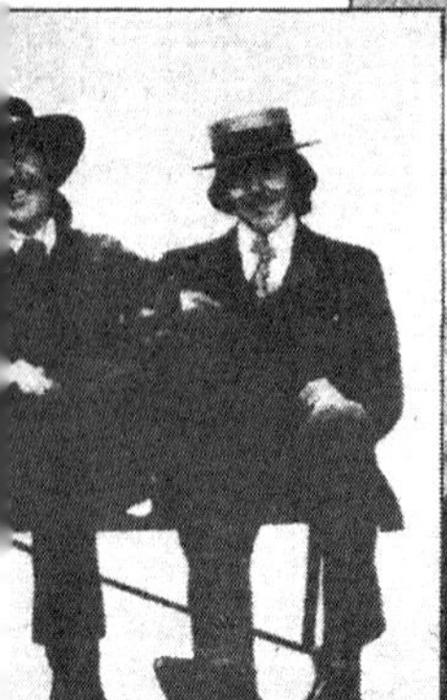

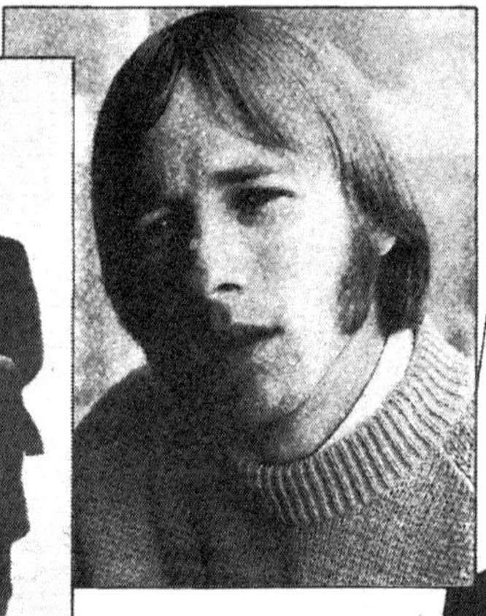

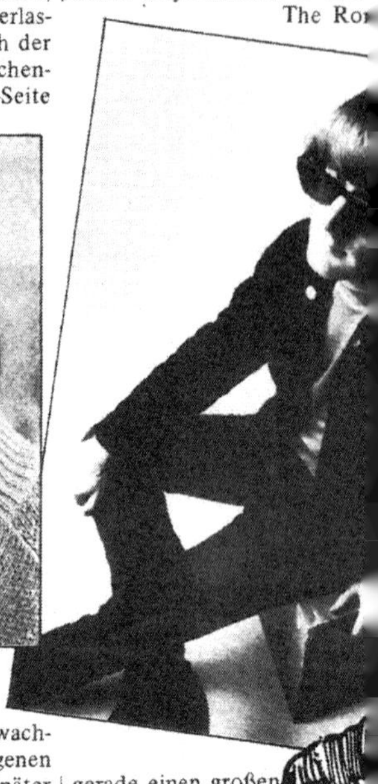

n standen „Exodus“
y Night“ von Bert
das Jahr, in dem der
er Beach Boys lan-
usikverleger hielt die
Eintagsfliege. Er
Glück und riet Vater
nft selbst zu versu-
aut Murray, bis Ende
000 Dollar gekostet
ließ die Gruppe um
udieren, dafür kam
ı. Murray klapperte
olglos Plattenfirmen

für Teenager, und der B-Seite für Erwachsene machen zu wollen, um seine eigenen Kompositionen herauszubringen. Später brachte Murray als Vater der berühmten Beach Boys eine LP (ebenfalls auf Capitol) heraus, THE MANY MOODS OF MURRAY WILSON. Capitol selbst rutschte im übrigen durch die Gruppe in einem Jahr in der *Industriehitparade* bei Singles von Platz 8 auf Platz 2.

Die Beach Boys-Texte handelten fast ausschließlich von selbsterlebten Dingen – von Problemen, die man sich, weil man sie nicht hatte, aus Langeweile selbst

gerade einen großen
Hit mit „Our Day Will Co
verdienen könnten. Die b
Abend 3 500 Dollar, siebe
Woche. Es war 17. Dezembe
ray begann zu buchen, und
hatte zwischen Heiligabend
mit 5 Konzerten 26 684 Do

Das war die Zeit, wo ich
für Jazz zu interessieren bega
lore und Spirituals, es war
Existenzialismus wieder in

bessere Studios verwenden, sich jüngere Tontechniker anheuern, Studiotermine verschieben oder überziehen, Plattenaufnahmen für Essenspausen unterbrechen und sogar zwischendrin die Studios verlassen. Brian, so sagte jemand, hat die Westcoast für Produzenten und Musiker liberalisiert – aber auf seine Kosten. Danach bat Venet Murry, sich lieber um den familieneigenen Musikverlag und das Management zu kümmern und das Produzieren ihm allein zu überlassen. Venet verdächtigte Murry auch der Idee (was damals übrigens ganz branchenüblich war), eine Single mit der A-Seite für Teenager, und der B-Seite für Erwachsene machen zu wollen, um seine eigenen Kompositionen herauszubringen. Später brachte Murry als Vater der berühmten Beach Boys eine LP (ebenfalls auf Capitol) heraus, »The Many Moods Of Murry Wilson«. Capitol selbst rutschte im Übrigen durch die Gruppe in einem Jahr in der Industriehitparade bei Singles von Platz 8 auf Platz 2.

Die Beach-Boys-Texte handelten fast ausschließlich von selbst erlebten Dingen – von Problemen, die man sich, weil man sie nicht hatte, aus Langeweile selbst machte, über Surf, Motorräder, Autos, Elternhaus, Schule und Mädchen – Probleme der Mehrheit der College-Jugend. Simple Lieder, nicht provokativ, eher voller Weltschmerz und Selbstmitleid, zum Tanzen und Amüsieren geeignet. Brian schaffte es, die gesamte amerikanische Unterhaltungsmusik neu in eigenwillige Harmonien (Murry: »Er denkt in sechsteiligen Harmonien, andere Leute in zwei- oder dreiteiligen.«), den ab da unverkennbaren mehrstimmigen Falsetto-Chören, dem Be-Bob-A-Do-Wah zu verpacken und damit den »Surf-Sound« zu kreieren, der noch heute für sonnige, leichte, tanzbare Musik steht. Brians Dilemma begann eigentlich erst, als er glaubte, mit dem ständig steigenden Niveau seiner Kompositionen müssten auch die Texte intelligenter, besser werden – anstatt dass er ganz darauf verzichtet hätte. Beach-Boys-Gesang ist für mich noch immer mehr ein Hauptinstrument als eine Text-Botschaft.

Murry drückte die Gruppe von Anfang an nach unten, um bessere Leistungen, Ergebnisse und Möglichkeiten herauszuholen. Die ersten neun Monate nach »Surfin'« durften sie nur in kleinen Clubs auftreten, z. B. in Inglewood/Kalifornien oder in Sacramento. Doch Ende 1962 forderte jemand Murry zu einer Wette heraus, und zwar mit der Behauptung, dass die Beach Boys niemals so viel wie Ruby & The Romantics (die gerade einen großen Hit mit »Our Day Will Come« hatten), verdienen könnten. Die bekamen pro Abend 3500 Dollar, sieben Tage die Woche. Es war der 17. Dezember 1962. Murry begann zu buchen, und die Gruppe hatte zwischen Heiligabend und Neujahr mit fünf Konzerten 26.684 Dollar verdient.

Das war die Zeit, wo ich mich gerade für Jazz zu interessieren begann, für Folklore und Spirituals, es war die Zeit, wo Existentialismus wieder in Mode kam, Sartre, Camus, polnische Filme. In den Hitparaden war »Heißer Sand« und »Speedy Gonzales«, wir tanzten Twist, Slop, Hully-Gully und Halbstarke mit Mopeds lösten zum zweiten Mal Generationskonflikte aus. In New York dagegen stellte ein Künstler namens Andy Warhol ein 205 x 170 cm großes Öl-Bild von Marilyn Monroe her, und leitete damit eine neue Entwicklungsphase der Pop Art ein. Namen wie Roy Lichtenstein, Tom Wesselmann, James Rosenquist und Claes Oldenburg wurden bekannt.

Jim McGuinn verließ das Chad Mitchell Trio und schloss sich Bobby Darin für eine Folk-Tournee durch Nachtclubs an, die fast zwei Jahre dauern sollte. Die Beatles machten in England ihre ersten Hits »Love Me Do«, »P.S. I Love You«. Sie hießen Paul McCartney, John Lennon, George Harrison und Ringo Starr – und sollten in kürzester Zeit nicht nur die Musikwelt auf den Kopf stellen. Eine neue Generation war aufgebrochen, die kein adrettes Image wollte oder brauchte, die eigene Vorstellungen von Aussehen, Kleidung, Zukunft und Werten hatte. Ihre Texte konnten, wie die Dylans, politisch-sarkastisch sein oder aber simpel, fast naiv wie die der Beatles, das Neue passierte in der Musik. Sie spielten Rock'n'Roll, aber elektrisch, dagegen klangen Elvis Presley und all die anderen wie Chorknaben.

James-Dean-Allüren

Doch Amerika wollte von den Beatles vorerst nichts wissen. Amerika hatte die Beach Boys, Bob Dylan und

1963 Peter, Paul & Mary in den Hitparaden. Immerhin!

Murry wollte das exakt auf Amerika zugeschnittene, saubere College-Boys-Image der Beach Boys auf keinen Fall gefährden. Ihre Fans waren zwischen zehn und siebzig, so trug man Ringelhemden, nicht zu enge Hosen und Tennisschuhe. Aber hinter der Bühne machten ihm seine Söhne ganz schön zu schaffen. Sie waren in der James-Dean-Zeit groß geworden, sie hatten viel Geld verdient, und die ständige Unterdrückung musste ja irgendwo ein Ventil haben. Earl Leaf, ein ältlicher Teenager-Kolumnist aus L.A., der für die erste Europatournee der Beach Boys angeheuert wurde, weiß dutzende diverser delikater Geschichten zu erzählen (die Beach Boys bezichtigten ihn der senilen Eifersucht). Laut Leaf war Dennis der Wildeste, »wie ein Tier«, wenn es darum ging, Mädchen aufzureißen und Mike Love der Exzentrische. Mike war immer in Schwierigkeiten. So saß er z. B. in Paris wegen eines Animiermädchens bis 4:00 Uhr morgens in einem Lokal, trank Sekt die Flasche für 4000 Francs während sie abhaute; in München wurde er einem Mädchen zu aufdringlich und landete die Nacht über im Gefängnis; in London zahlte er auf der Straße einem Mädchen einen Haufen Geld, um sich mit ihr in ihrer Wohnung zu treffen. Die Wohnung fand er nie, usw. usw. Er war 21 und der einzige, der öffentlich trinken durfte. Die anderen mussten, falls sie dabei erwischt wurden, Murry ein Bußgeld von 500 Dollar überlassen, angeblich kam

tanzten Twist,
Halbstarke mit
en Mal Genera-
York dagegen
s Andy Warhol
Öl-Bild von
leitete damit
ase der Pop Art
itenstein, Tom
quist und Claes
.

das Chad Mit-
Bobby Darin
ch Nachtclubs
sollte. Die Sil-
die Beatles in
Love Me Do",
eßen Paul Mc-
eorge Harrison
llten in kürze-
sikwelt auf den
Generation war
adrettes Image
eigene Vorstel-
dung, Zukunft
exte konnten,
arkastisch sein,
v wie die der
in der Musik.
aber elektrisch,
ley und all die

Allüren

on den Beatles
erika hatte die
nd 1963 Peter,
raden. Immer-

t auf Amerika
College-Boys-
keinen Fall ge-
ren zwischen
hemden, nicht
sschuhe. Aber
en ihm seine
fen. Sie waren
roß geworden,
ent, und die
ußte ja irgend-
Leaf, ein ält-
aus L. A., der
ee der Beach
weiß dutzende
en zu erzählen
n ihn der seni-
war Dennis der
wenn es darum
n, und Mike
ke war immer
r z. B. in Paris
ädchens bis
n Lokal, trank
0 Fr. während
urde er einem
nd landete die
London zahl-
Mädchen einen
t ihr in ihrer
Wohnung fand
und der einzi-
urfte. Die an-
abei erwischt

500 Dollar überlassen, angeblich kam es nie dazu. Venet erzählte, daß Murray Mike Love nach der ersten Europatournee rausschmeißen wollte. Venet riet ihm, wegen Vertragsschwierigkeiten ab. Der Grund soll Obszönität, Profanität gewesen sein, Murray behauptet, daß Mike auf der Bühne das Mikro zu tief gehalten habe, aus Versehen . . . während Venet erzählt, daß Mike Love zweimal hinter der Bühne das Wort *Fuck* benutzt hat, und Murray fand das *profan*.

So wurden die Musiker langsam schizophren, sie wollten sich weiterentwickeln, ihre halbstarke Zeit hinter sich lassen, doch Murray hielt sie kurz. Es gibt da eine Geschichte, die Carl erzählt hat. „Wir machten gefährliche Wettspiele. Es gab in der Nähe unseres Hauses einen sehr tiefen Entwässerungskanal. Nachts fuhren wir mit unseren Motorrädern raus, und wer es am längsten auf dem Sattel bis zum Abgrund ausgehalten hatte, der war Sieger. Dennis war immer der letzte, der sprang." Kürzlich habe ich den James Dean Film „Jenseits von Eden" aus dem Jahr 1955 gesehen, und da habe ich begriffen, was die Beach Boys sind, ein Produkt dieser Zeit, wo alles, aus Langeweile oder Rebellion bis zum Exzess betrieben wurde, Leistungsstreß, Mutproben – das war auch der Grund für sie Drogen zu nehmen. Letzlich sind die Beach Boys so, wie das Image der Grateful Dead bei uns, wirklich ausgeflippt, die Grateful Dead dagegen völlig normal.

Bei den Aufnahmen zu der LP SURF-IN USA standen sie z. B. bis zu 13 Stunden im Studio und sangen ohne Pause – weil Murray sie immer wieder rausforderte. In dieser Zeit entstand auch das Lied „In My Room" von Brian.

Dieses Lied ist so typisch für die pubertäre Rebellionshaltung, für die auftauchenden Generationskonflikte. Doch die Beach Boys lehnten sich nicht wirklich auf, sie schmollten. Sie waren völlig angepaßte, aber im kleinen nörgelnde Jugendliche. Vater Murray hat sich übrigens über das Lied angeblich nicht geärgert – er hatte Verständnis. Murray begann in der Zeit auch andere Künstler für seinen Verlag zu produzieren, z. B.: Die Sun Rays. In den Hitparaden tauchten plötzlich jede Menge Surf-Gruppen auf, die meistens Songs von Brian brachten. Dot hatte die Surfaris und Liberty Jan & Dean. Beide Firmen hatten 1962 das Demo der Beach Boys abgelehnt.

In England war die Beatlesmania im vollen Gange. Alle Welt ließ sich Beatles-Pilzköpfe wachsen, „Please, Please Me" und „She Loves You" erreichten Deutschland. Ich habe sie gehört und meine Jazzplatten von Charlie Parker, Stan Getz, Gene Krupa, Jimmi Guiffre verschenkt – Bücher über Blues, Jazz und Spirituals blieben ab da unberührt und an den Schulen bekamen die Schüler-Jazzgruppen Konkurrenz von Beat-Gruppen; man hieß Tornadoes, Telstars, Rattles.

Es war auch das Jahr, wo John F. Kennedy einem Attentat zum Opfer fiel, am

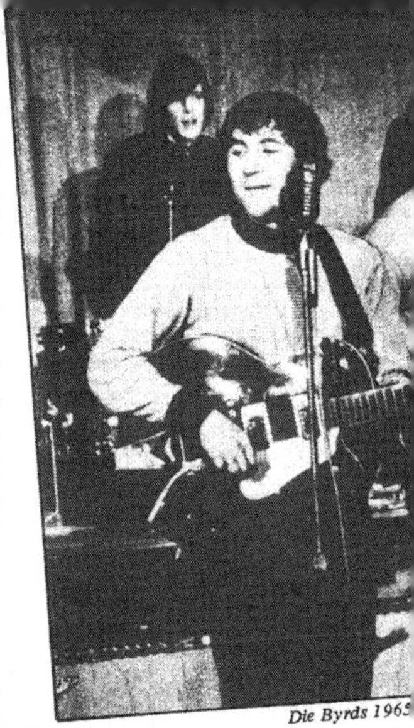

Die Byrds 1965

sicher durch das Attentat ausgelöst, begannen die Studenten der Universität Berkeley/Californien systematisch das Unterrichtssystem zu zerstören, die *Yippies* kamen auf.

1964 kehrte Jim McGuinn von der Bobby Darin-Tournee zurück und machte Soloauftritte in New York und L. A. . . . Er schrieb einige Songs für Judy Collins und The Irish Rovers, wirkte auf 2 LPs für Horizon-Records mit, THE FIVE STRING STORY, lernte die Musiker seiner späteren Byrds kennen, und arbeitete mit Jacques Levy an „Tryp" einem Broadway-Musical nach Ibsens „Peer Gynt".

Chris Hillman und Stephen Stills waren unterwegs nach L. A., Skip Battin, der 1969 bei den Byrds einsteigen sollte, kam nach L. A. um einige Filme und Fernsehaufnahmen zu machen. Auch er hatte schon einige musikalische Erfahrungen hinter sich, u. a. hatte er in einem Rock 'n' Roll Duo gearbeitet, das zwischen '59–'61 einige Hits hatte. Clarence White und Gene Parsons waren als ein Trio (mit Gib Guilbeau), den Nashville West unterwegs. 1968 sollten sie ebenfalls zu den Byrds stoßen.

Die Beatles machten ihre erste Amerikatournee. Es kam zu den damals üblichen Folgen. Hysterie, Nervenzusammenbrüchen, Imitationen, plötzlich waren sie auch in den Staaten Nr. 1, Amerika wurde vom Beatles-Fieber geschüttelt, und der goldene Thron der Beach Boys begann zu wackeln. Auf einmal wuchs das Selbstvertrauen der bis dahin einzelgängerischen Folksänger, sie sahen eine Chance von etwas leben zu können, das ihnen Spaß machte, sie sahen die Möglichkeit, reich und berühmt zu werden, oder einfach die Leute anzutörnen. Alle wollten es nie dazu. Venet erzählte, dass Murry Mike Love nach der ersten Europatournee rausschmeißen wollte. Venet riet ihm wegen Vertragsschwierigkeiten ab. Der Grund soll Obszönität, Profanität gewesen sein, Murry behauptet, dass Mike auf der Bühne das Mikro zu tief gehalten habe, aus Versehen ... während Venet erzählt, dass Mike Love zweimal hinter der Bühne das Wort *Fuck* benutzt hat, und Murry fand das *profan*.

So wurden die Musiker langsam schizophren, sie wollten sich weiterentwickeln, ihre halbstarke Zeit hinter sich lassen, doch Murry hielt sie kurz. Es gibt da eine Geschichte, die Carl erzählt hat. »Wir machten gefährliche Wettspiele. Es gab in der Nähe unseres Hauses einen sehr tiefen Entwässerungskanal. Nachts fuhren wir mit unseren Motorrädern raus und wer es am längsten auf dem Sattel bis zum Abgrund ausgehalten hatte, der war Sieger. Dennis war immer der letzte, der sprang.« Kürzlich habe ich den James-Dean-Film »Jenseits von Eden« aus dem Jahr 1955 gesehen, und da habe ich begriffen, was die Beach Boys sind, ein Produkt dieser Zeit, wo alles, aus Langeweile oder Rebellion bis zum Exzess betrieben wurde, Leistungsstress, Mutproben – das war auch der Grund für sie Drogen zu nehmen. Letztlich sind die Beach Boys so wie das Image der Grateful Dead bei uns, wirklich ausgeflippt, die Grateful Dead dagegen völlig normal.

Bei den Aufnahmen zu der LP »Surfin' USA« standen sie z. B. bis zu 13 Stunden im Studio und sangen ohne Pause – weil Murry sie immer wieder herausforderte. In dieser Zeit entstand auch das Lied »In My Room« von Brian.

Dieses Lied ist so typisch für die pubertäre Rebellionshaltung, für die auftauchenden Generationskonflikte. Doch die Beach Boys lehnten sich nicht wirklich auf, sie schmollten. Sie waren völlig angepasste, aber im Kleinen nörgelnde Jugendliche. Vater Murry hat sich übrigens über das Lied angeblich nicht geärgert – er hatte Verständnis. Murry begann in der Zeit auch andere Künstler für seinen Verlag zu produzieren, z. B.: Die Sunrays. In den Hitparaden tauchten plötzlich jede Menge Surf-Gruppen auf, die meistens Songs von Brian brachten. Dot Records hatte die Surfaris und Liberty Records Jan & Dean. Beide Firmen hatten 1962 das Demo der Beach Boys abgelehnt.

In England war die Beatlesmania im vollen Gange. Alle Welt ließ sich Beatles-Pilzköpfe wachsen, »Please Please Me« und »She Loves You« erreichten Deutschland. Ich habe sie gehört und meine Jazzplatten von Charlie Parker, Stan Getz, Gene Krupa, Jimmy Guiffre verschenkt – Bücher über Blues, Jazz und Spirituals blieben ab da unberührt, und an den Schulen bekamen die Schüler-Jazzgruppen Konkurrenz von Beat-Gruppen; man hieß Tornados, Telstars, Rattles.

Es war auch das Jahr, wo John F. Kennedy einem Attentat zum Opfer fiel, am 22. November 1963. Etwa zu der Zeit, sicher durch das Attentat ausgelöst, begannen die Studenten der Universität Berkeley/Kalifornien systematisch das Unterrichtssystem zu zerstören, die Yippies kamen auf.

1964 kehrte Jim McGuinn von der Bobby-Darin-Tournee zurück und machte Soloauftritte in New York und L.A. Er schrieb einige Songs für Judy Collins und The Irish Rovers, wirkte auf zwei LPs für Horizon Records mit, The Five String Story, lernte die Musiker seiner späteren Byrds kennen, und arbeitete mit Jacques Levy an »Tryp« einem Broadway-Musical nach Ibsens »Peer Gynt«.

Chris Hillman und Stephen Stills waren unterwegs nach L.A., Skip Battin, der 1969 bei den Byrds einsteigen sollte, kam nach L.A., um einige Filme und Fernsehaufnahmen zu machen. Auch er hatte schon einige musikalische Erfahrungen hinter sich, u. a. hatte er in einem Rock'n'Roll-Duo gearbeitet, das zwischen 1959 und 1961 einige Hits hatte. Clarence White und Gene Parsons waren als ein Trio (mit Gib Guilbeau), den Nashville West, unterwegs. 1968 sollten sie ebenfalls zu den Byrds stoßen.

Die Beatles machten ihre erste Amerikatournee. Es kam zu den damals üblichen Folgen: Hysterie, Nervenzusammenbrüche, Imitationen, plötzlich waren sie auch in den Staaten Nr. 1, Amerika wurde vom Beatles-Fieber geschüttelt und der goldene Thron der Beach Boys begann zu wackeln. Auf einmal wuchs das Selbstvertrauen der bis dahin einzelgängerischen Folksänger, sie sahen eine Chance von etwas leben zu können, das ihnen Spaß machte, sie sahen die Möglichkeit, reich und berühmt zu werden, oder einfach die Leute anzutörnen. Alle wollten elektrische Musik machen. Jerry Garcia sagte damals über die Beatles: »Sie waren wichtig für alle. Sie machten die Leute happy. Sie hatten die junge Welt wiederentdeckt und sie spielten mit allen diesen wundervollen neuen Dingen. Es veränderte sich alles sehr schnell. Wir entdeckten jeden Tag was Neues.«

Die Charlatans

Garcias Jug-Band nannte sich in The Warlocks um und bastelte an einer elektrischen Anlage und in San Francisco kam wohl die erste Acid-Rock-Band zustande, die Charlatans. George Hunter, ein Kunststudent, und sein Freund Richard Olsen, der Musik studierte, Flöte und Sax spielen konnte, bei den Charlatans aber Bassist war, hatten die Idee für eine Gruppe. Mike Wilhelm, ein Folkspezialist und College-Freund, kam als Gitarrist dazu (Hunter wollte singen). Alle drei hatten längst das College verlassen, weil sie keinen Sinn darin sahen, saßen herum. Hunter war auf demselben Trip wie Jim McGuinn, er wollte eine elektrische Folk-Band, eine Folkrock-Gruppe machen. Als Pianist kam Michael Ferguson, ein alter Mexico-Tramp und Secondhand-Ladenbesitzer dazu. Er dachte sich das angegammelte Cowboyimage der Charlatans aus und besorgte die Klamotten. Als Schlagzeuger fungierte

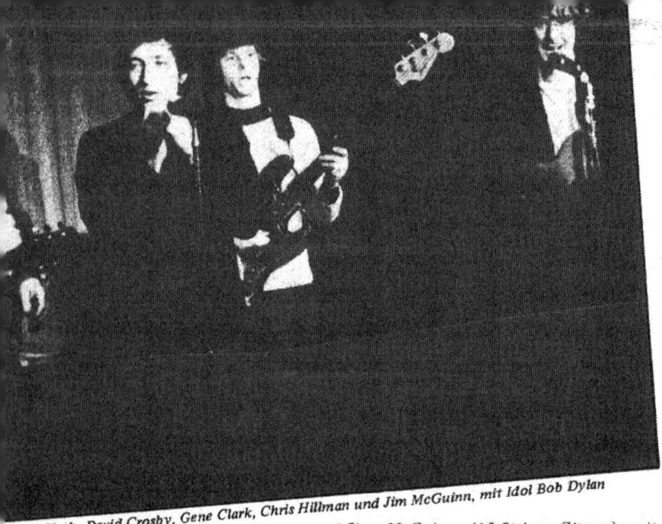

chael Clark, David Crosby, Gene Clark, Chris Hillman und Jim McGuinn, mit Idol Bob Dylan

sagte damals über die Beatles: „Sie waren wichtig für alle. Sie machten die Leute happy. Sie hatten die junge Welt wiederentdeckt und sie spielten mit allen diesen wundervollen neuen Dingen. Es veränderte sich alles sehr schnell. Wir entdeckten jeden Tag was Neues."

Die Charlatans

Garcias Jug Band nannte sich in Warlocks um und bastelte an einer elektrischen Anlage, und in San Franzisco kam wohl die erste Acid Rock Band zustande, die Charlatans. George Hunter, ein Kunststudent und sein Freund Richard Olson, der Musik studierte, Flöte und Sax spielen konnte, bei den Charlatans aber Bassist war, hatten die Idee für eine Gruppe. Mike Wilhelm, ein Folkspezialist und College-Freund, kam als Gitarrist dazu (Hunter wollte singen). Alle drei hatten längst das College verlassen, weil sie keinen Sinn darin sahen, saßen herum. Hunter war auf demselben Trip wie Jim McGuinn, er wollte eine elektrische Folk-Band, eine Folk-Rock-Gruppe machen. Als Pianist kam Michael Ferguson, ein alter Mexico-Tramp und Second-Hand-Ladenbesitzer dazu. Er dachte sich das angegammelte Cowboyimage der Charlatans aus und besorgte die Klamotten. Als Schlagzeuger fungierte kurze Zeit Sam Linde, der dann von Dan Hicks, ebenfalls einem ehemaligen Kunststudenten, mit Vorliebe zum Folk, abgelöst wurde. Dan Hicks modelte das gesamte Repertoire der Charlatans, Blues, Soul und R&B auf traditionelle oder selbstgeschriebene Folksongs um. So übten sie, ohne einen einzigen öffentlichen Auftritt bis Juni '65.

Zu der Zeit wurden die Byrds in der Besetzung Gene Clark (Tambourin, Vocal), Mike Clarke (Schlagzeug), David Jim McGuinn (12 String Gitarre) mit ihrer ersten Single „Mr. Tambourine Man", einem Dylan Song, international bekannt. Und im Nachbarstaat Nevada gab es gerade so eine Art Goldgräber-Nostalgie, Touristen besichtigten zu Hauf die alten Schauplätze. Der Inhaber des alten Goldgräberlokals *Red River Saloon* hörte von den Byrds und wollte sie anheuern. Aber er traf die Charlatans und da sie lange Haare hatten und ihn überzeugen konnten, wurden sie zum 21. Juni angeheuert. Die Charlatans, noch immer ohne Live-Auftritte, fanden in Virginia City eine sehr angenehme Atmosphäre vor, Heads und Hippies, angetörnte Leute, die ihre Musik mochten.

Ihr erster Probeauftritt verlief folgendermaßen, Richard: „Wir waren gerade eben angekommen, und alle waren paranoid. Wilhelm hatte nicht einmal eine eigene Gitarre. Er mußte sich so eine elektrische Japanische von einem Typen dort leihen, George fühlte sich überhaupt nicht wohl in seiner Haut, er hatte ja noch nie öffentlich gesungen. Trotzdem, wir haben den Auftritt unter Acid gemacht. Glaub mir, das war wirklich far out ... Wir waren so abgefahren, daß wir nicht einmal gleichzeitig spielten. Wilhelm, der's als erster geschluckt hatte, spürte es auch als erster. Er setzte sich einfach auf die Bühne und starrte um sich. Dann kam's bei mir. Wir sprangen wie verrückt herum, vertauschten unsere Instrumente und brachen vor Lachen fast zusammen ..." Die Charlatans bekamen jeder pro Woche 100 Dollar, Essen und Schlafen frei, für 4–5 Gigs pro Abend, sechs Tage die Woche. Obwohl das Lokal immer gerammelt voll war, zahlten die Besitzer drauf. Denn es wurde kein Eintritt verlangt, und die Hippies schluckten lieber Drogen als Bier oder Schnaps. Und die Touristen mieden das Lokal wegen der Langhaari-

hatte nur
vom Koch
feststellte,
Kosten ein
war's natürl
wurden die
Drogen-, Pi
haftet, was
wirbel veru
nach einer a
der eine ga
Typen, dar
Ken Kesey
zisco zurüc
1960 einen
mand flog
vielleicht z
dokumenter
wurde er e
und fiel nat
Gelbe Reihe
Die Cha
richtigen Z
denn in Sar
Gruppen Je
ty, Quicksi
Grateful De
Tanzveranst

F

Inzwisch
einen imme
die Folkanl
schockiert,
port 1964
Puristen sch
sierung de
Folk – aber
sten Mal e
Westküste a
ren, da sie s
einfach sei
als Unterha
gen. Mit de
sich auch e
men, der di
Byrds habe
(damals *Be*
milieu in
führt, sie w
cool und c
dingt sein
Und sie sch
den über Jo

He was a fr
he was a fri
his killing h
no reason c
he was a fri

he was in D
he was in D
from a sixth
a gunner sh
he died in

he never kn
he never kn
thought I n
I knew him
oh he was a

★ ★ ★

kurze Zeit Sam Linde, der dann von Dan Hicks, ebenfalls ein ehemaliger Kunststudent, mit Vorliebe zum Folk, abgelöst wurde. Dan Hicks modelte das gesamte Repertoire der Charlatans, Blues, Soul und R&B auf traditionelle oder selbstgeschriebene Folksongs um. So übten sie, ohne einen einzigen öffentlichen Auftritt, bis Juni '65.

Zu der Zeit wurden die Byrds in der Besetzung Gene Clark (Tambourin, Vocal), Mike Clarke (Schlagzeug), David Crosby (Gitarre), Chris Hillman (Bass), Jim McGuinn (12-String-Gitarre) mit ihrer ersten Single »Mr. Tambourine Man«, einem Dylan-Song, international bekannt. Und im Nachbarstaat Nevada gab es gerade so eine Art Goldgräber-Nostalgie, Touristen besichtigten zu Hauf die alten Schauplätze. Der Inhaber des alten Goldgräberlokals »Red River Saloon« hörte von den Byrds und wollte sie anheuern. Aber er traf die Charlatans, und da sie lange Haare hatten und ihn überzeugen konnten, wurden sie zum 21. Juni angeheuert. Die Charlatans, noch immer ohne Live-Auftritte, fanden in Virginia City eine sehr angenehme Atmosphäre vor, Heads und Hippies, angetörnte Leute, die ihre Musik mochten.

Ihr erster Probeauftritt verlief folgendermaßen, Richard: »Wir waren gerade eben angekommen, und alle waren paranoid. Wilhelm hatte nicht einmal eine eigene Gitarre. Er musste sich so eine elektrische Japanische von einem Typen dort leihen, George fühlte sich überhaupt nicht wohl in seiner Haut, er hatte ja noch nie öffentlich gesungen. Trotzdem, wir haben den Auftritt unter Acid gemacht. Glaub mir, das war wirklich *far out* ... Wir waren so abgefahren, dass wir nicht einmal gleichzeitig spielten. Wilhelm, der's als Erster geschluckt hatte, spürte es auch als Erster. Er setzte sich einfach auf die Bühne und starrte um sich. Dann kam's bei mir. Wir sprangen wie verrückt herum, vertauschten unsere Instrumente und brachen vor Lachen fast zusammen ...« Die Charlatans bekamen jeder pro Woche 100 Dollar, Essen und Schlafen frei, für vier bis fünf Gigs pro Abend, sechs Tage die Woche. Obwohl das Lokal immer gerammelt voll war, zahlten die Besitzer drauf. Denn es wurde kein Eintritt verlangt und die Hippies schluckten lieber Drogen als Bier oder Schnaps. Und die Touristen mieden das Lokal wegen der Langhaarigen. Der Besitzer hatte seinen 22-jährigen Sohn als Verwalter eingesetzt und der hatte nur langhaarige Leute angeheuert, vom Koch bis zur Band. Als der Besitzer feststellte, dass das ganze Lokal auf seine Kosten ein schönes Leben geführt hatte, war's natürlich vorbei. Zu allem Unglück wurden die Charlatans auch noch wegen Drogen-, Pillen- und Waffenbesitzes verhaftet, was in der Presse einen Riesenwirbel verursachte. So zogen sie es vor, nach einer ausgiebigen Abschiedsparty, zu der eine ganze Busladung San-Francisco-Typen, darunter auch der Schriftsteller Ken Kesey, anreiste, nach San Francisco zurückzukehren. Ken Kesey hat 1960 einen Roman veröffentlicht, »Einer flog über das Kuckucksnest«, der vielleicht zu den wichtigsten Literaturdokumenten dieser Zeit zählt. Bei uns wurde er erst dieses Jahr veröffentlicht, und fiel natürlich prompt durch (Hanser, Gelbe Reihe).

Die Charlatans wählten genau den richtigen Zeitpunkt für ihre Rückkehr, denn in San Francisco begannen sich die Gruppen Jefferson Airplane, The Great Society, Quicksilver Messenger Service und Grateful Dead zu formieren, die Acid-Tanzveranstaltungen standen ins Haus.

Folkrock

Inzwischen hatten die Byrds bereits einen immensen Vorsprung. Sie hatten die Folkanhänger mit elektrischem Folk schockiert, wie Dylan seine Fans in Newport 1964 mit einer elektrischen Gitarre, Puristen schimpften auf die Kommerzialisierung des bis dahin so ernsthaften Folk – aber durch die Byrds ging zum ersten Mal eine Musikbewegung von der Westküste aus – der Folkrock. Sie waren, da sie sich an Dylan anlehnten oder einfach seine Lieder übernahmen, mehr als Unterhaltung, sie hatten etwas zu sagen. Mit den Byrds unterm Arm musste sich auch ein Intellektueller nicht schämen, der die Beatles als Pop ablehnte. Die Byrds haben sozusagen die Rockmusik (damals Beat genannt) aus dem Arbeitermilieu in die Akademikerkreise eingeführt, sie waren *sophisticated*, sie waren *cool* und clever, was man in L.A. unbedingt sein musste, die geborenen Stars. Und sie schrieben 1965 Texte wie folgenden über John F. Kennedy – »He Was A Friend Of Mine«:

> He was a friend of mine/ He was a friend of mine/ His killing had no purpose/ No reason, or rhyme/ He was a friend of mine/ He was in Dallas town/ He was in Dallas town/ Form a sixth floor window/ A gunner shot him down/ He died in Dallas town [...]

Family Dogs und Hippies

Im ersten Teil dieser »leicht verklärten Erinnerung« ging es vor allem um die Prä-Beatles-Westcoast-Szene – Beach Boys – Surf Sound – und um die Folksänger, *on the road,* die später bei den Byrds, Grateful Dead und Jefferson Airplane wieder auftauchten. In dieser Folge geht's weiter mit den frühen Frisco-Gruppen ...

San Francisco kann das amerikanische Liverpool werden«, stellte Luria Castell, ein Mitglied der Family Dog, in einem Gespräch mit Rockjournalist Ralph J. Gleason im Oktober 1965 fest. Gleason meint, dass damit eigentlich die San-Francisco-Szene begonnen hat, die Vorbedingungen waren zwar längst vorhanden, aber es fehlte an Ereignissen oder Leuten, die das Ganze ins Rollen bringen würden. Family Dog waren solche Leute und sie brachten es ins Rollen. Luria, Ellen Harmon, Al Kelley und Jack Towle hatten Konzerte der Byrds und Lovin' Spoonful gesehen und ihr Ziel war es, ähnliche Veranstaltungen in San Francisco durchzuführen mit den dortigen Gruppen und gleichzeitig die anderen nach San Francisco zu holen. Ein Pop-Management sozusagen. Und es dauerte nicht lange, da kündigten einige für damals aufsehenerregende psychedelische Plakate, entworfen von Marty Balin, dem Gründer der Jefferson Airplane, in San Francisco

»A Tribute To Dr. Strange« an, eine Tanzveranstaltung mit folgenden San-Francisco-Gruppen: Jefferson Airplane, Marbles, The Great Society, The Charlatans. Ort der Veranstaltung: »Longshore Hall«, eine beliebte Halle für Großveranstaltungen der Fischer oder Seeleute. Russ Syracuse, ein für damals wohl schon sehr ausgeflippter Discjockey der privaten Radiostation KYA, kündigte in seiner Spätnachtshow die Veranstaltung pausenlos an: sie wurde zu dem ersten Groß-Hippie-Ereignis San Franciscos.

Jefferson Airplane

Marty Balin, Folksänger, Künstler und Initiator der Jefferson Airplane, erzählt auf dem Cover der ersten LP der Airplane, wie er die Musiker für seine Gruppe gefunden hat: »Bevor ich auf Paul Kantner stieß, habe ich zig Typen ausprobiert. Aber er kam in einen Folkclub und ich hab' sofort gewusst – er ist es. Er hatte eine 12-String-Gitarre, ein Banjo, die Haare bis hierher und so einen alten Hut auf. Ich bin einfach auf ihn zugegangen und hab' gesagt, wir sollten was zusammen machen! Ich hatte ihn noch nie spielen gehört, aber es war mir klar, dass er gut ist.«

Paul spielte ab da Rhythmusgitarre und sang. Über Alex »Skip« Spence (der später, als er nach dem ersten Album die Gruppe verließ und zu Moby Grape als Gitarrist ging,) sagte er: »Ich sah ihn eines Tages in

2. TEIL
FAMILY DOG UND HIPPIES

Im ersten Teil dieser „leicht verklärten Erinnerung" ging es vor allem um die pre-Beatles Westcoast-Szene – Beach Boys – Surf Sound – und um die Folksänger, on the road, die später bei den Byrds, Grateful Dead und Jefferson Airplane wieder auftauchten. In dieser Folge gehts weiter mit den frühen Frisco-Gruppen . . .

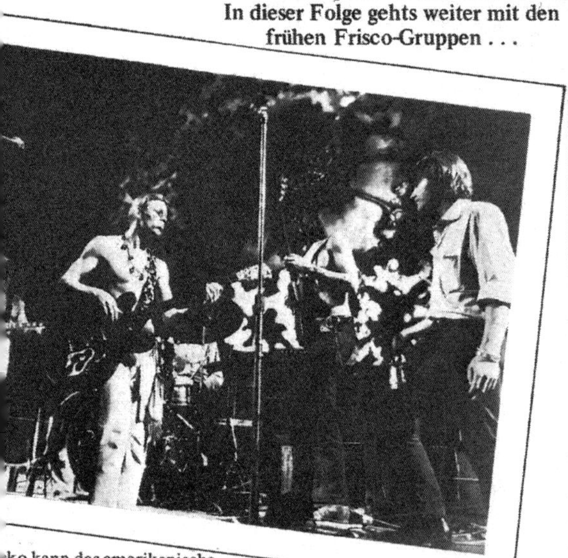

The Jefferson Airplane: (Kantner, Jack Casady, J Marty Balin. Spencer D Schlagzeug verdeckt.

…ko kann das amerikanische …en", stellte Luria Castell, …er *Family Dog*, in einem … Rockjournalist Ralph J. …ktober 1965 fest. Gleason …it eigentlich die San Fran… …egonnen hat, die Vorbe… …en zwar längst vorhanden, …n Ereignissen oder Leuten, …ins Rollen bringen würden. …aren solche Leute und sie …ins Rollen. Luria, Ellen …ley und Jack Towle hatten …yrds und Lovin' Spoonful …hr Ziel war es, ähnliche …n in San Franzisko durch… …en dortigen Gruppen und … anderen nach San Fran… …n. Ein Pop-Management … es dauerte nicht lange, da …ge für damals aufsehener… …elische Plakate, entworfen …n, dem Gründer der Jeffer… San Franzisko „A Tribute …" an, eine Tanzveranstal… …den San Franzisko Grup-pen: Jefferson Airplane, Marbles, The Great Society, The Charlatans. Ort der Veranstaltung *Longshore Hall*, eine beliebte Halle für Großveranstaltungen der Fischer oder Seeleute. Russ Syracuse, ein für damals wohl schon sehr ausgeflippter Disc-Jockey der privaten Radiostation KYA, kündigte in seiner Spätnachtshow die Veranstaltung pausenlos an: sie wurde zu dem ersten Groß-Hippie-Ereignis San Franziskos.

Jefferson Airplane

Marty Balin, Folksänger, Künstler und Initiator der Jefferson Airplane, erzählt auf dem Cover der ersten LP der Airplane, wie er die Musiker für seine Gruppe gefunden hat: „Bevor ich auf Paul Kantner stieß, habe ich zig Typen ausprobiert. Aber er kam in einem Folkclub und ich hab' sofort gewußt – er ist es. Er hatte eine 12-String-Gitarre, ein Banjo, die Haare bis hierher, und so einen alten Hut auf. Ich bin einfach auf ihn zugegangen und hab' gesagt ‚wir … men machen!' Ich h… spielen gehört, aber e… er gut ist."

Paul spielte ab da R… sang. Über Alex „S… später, als er nach dem … Gruppe verließ und … Gitarrist ging), sagte er … Tages in einem Club … mir ‚das ist mein Sc… hatte noch nie in sei… zeug gespielt. Mir Jo… Sologitarrist und der … sängerin Signe Toly … Casady, der bereits … und anderen Bands … hatte, als Bassist, war …

Jefferson Airplane … gust 1965 das „Matri… den Marty Balin übern…

Die Gruppe hat… ein Publikum, das zw… war, also keine Teen… mals die Beatles, Byr… hatten. Sie waren etw… Rockband für die ne… neration, oder erwach… was es bis dahin in de… nicht wirklich gegeben … daran, daß Musik un… waren, manche Tex… Ihre verschlüsselten … Liebes- oder Drog… Gleichaltrigen sofort … Texte zeigten polit… waren surrealistisch, z… Symbole, sie verarb… Einflüsse, alle Erke… deckungen der Medie… Drogen, Weltraum. S… wickelten sich mit … lasen, hörten und fü… sche Spektrum der …

einem Club und ich sagte zu mir: das ist mein Schlagzeuger!«. Skip hatte noch nie in seinem Leben Schlagzeug gespielt. Mit Jorma Kaukonen als Sologitarrist und der ehemaligen Folksängerin Signe Toly Anderson und Jack Casady, der bereits mit James Brown und anderen Bands zusammengearbeitet hatte, als Bassist, war die Band komplett.

Jefferson Airplane eröffneten im August 1965 das »Matrix«, einen Folkclub, den Marty Balin übernommen hatte.

Die Gruppe hatte von Anfang an ein Publikum, das zwischen 18 und 25 war, also keine Teenybopper wie es damals die Beatles, Byrds oder Beach Boys hatten. Sie waren etwas ganz Neues, eine Rockband für die neue erwachsene Generation, oder erwachsener Rock, etwas, was es bis dahin in der ganzen Popmusik nicht wirklich gegeben hatte. Das lag wohl daran, dass Musik und Text gleichwertig waren, manche Texte sogar vorrangig. Ihre verschlüsselten Botschaften waren Liebes- oder Drogenbotschaften, die Gleichaltrigen sofort klar wurden. Die Texte zeigten politisches Engagement, waren surrealistisch, zweideutig und voller Symbole; sie verarbeiteten alle neuen Einflüsse, alle Erkenntnisse und Entdeckungen der Medien, Leary, McLuhan, Drogen, Weltraum. Sie wuchsen und entwickelten sich mit dem, was sie sahen, lasen, hörten und fühlten. Das musikalische Spektrum der Gruppe war immens, es reichte vom simplen Rock bis zu komplizierten Improvisationen. Der amerikanische Musikkritiker Paul Williams nannte ihre Musik komplex und kinetisch. Bereits nach kurzer Zeit trat RCA an die Gruppe heran und bot einen 20.000-Dollar-Garantievertrag an, die höchste Summe, die bis dahin einer San-Francisco-Band geboten wurde. Aber die Zusammenarbeit mit RCA war schwierig, vor jeder Platte gab es stundenlange Diskussionen, weil die Leute dort die Texte nicht begriffen und ständig Erklärungen verlangten.

Marty Balin: »Ich habe niemals unsere Songs den Leuten in meinem Alter erklären müssen. Wenn ich singe, dann fühle ich, als ob ich sprechen würde. Es ist die beste Art zu kommunizieren.«

Jefferson Airplane hatten selbst da, wo sie noch nie aufgetreten waren, einen unglaublichen Namen. Man kann sie deshalb ruhig als Wegbereiter der San-Francisco-Musik in das kommerzielle Musikbusiness ansehen. Sie hatten als erste Rockband eine Sängerin, einen für damalige Verhältnisse traumhaften Schallplattenvertrag, Gagen, die es ihnen ermöglichten, allein von ihren Konzerten an der Westküste zu leben (daher fand die erste Europatournee erst 1968 statt), eine zur Musik total synchron komponierte Light-Show, von Glenn McKay's Headlights entwickelt – und sogar einen eigenen Club: »The Matrix«. Mit ihren Hitsingles »Somebody To Love« und »White Rabbit« 1967 waren sie auch die erste Frisco-Gruppe in den amerikanischen Charts, kurz darauf war auch die zweite LP »Surrealistic Pillow«, die beide Songs enthält, in den

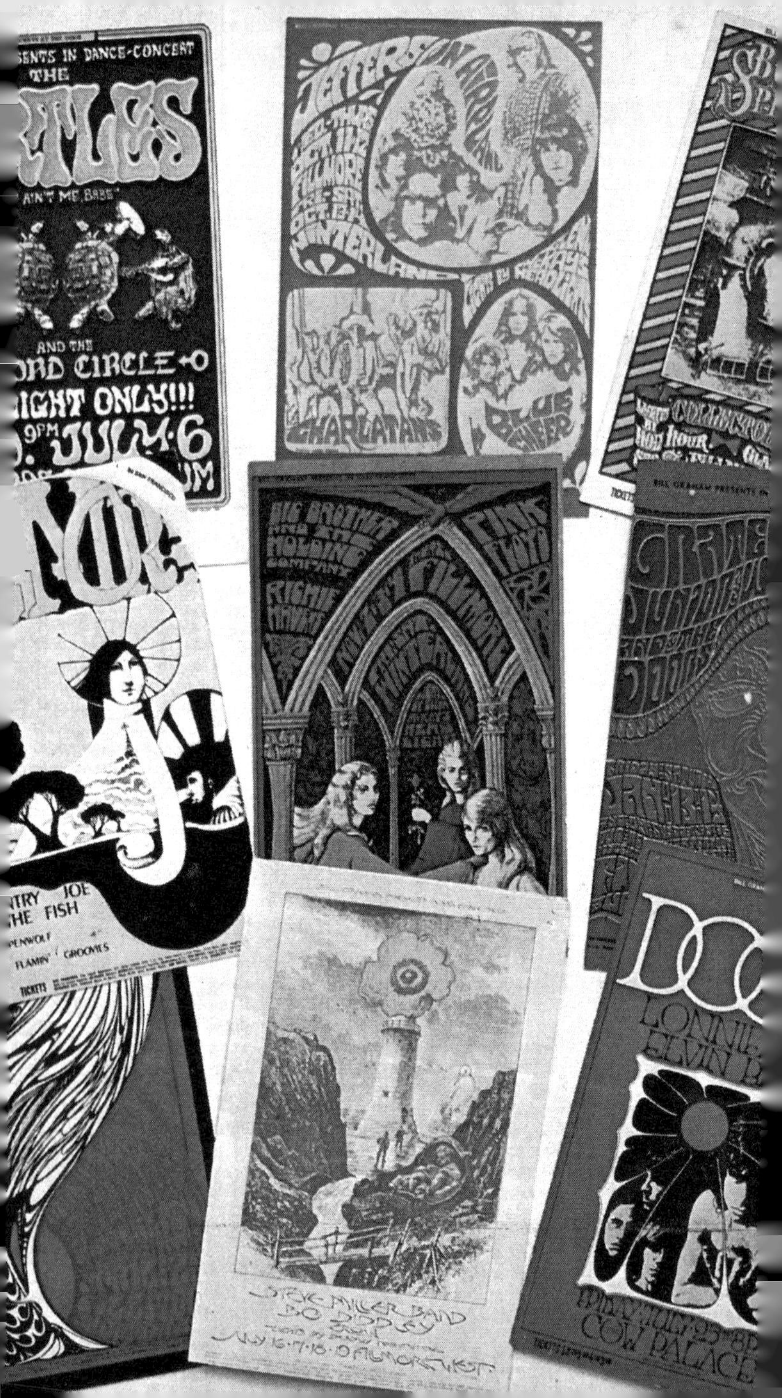
SENTS IN DANCE-CONCERT
THE
AIN'T ME, BABE
AND THE
ORD CIRCLE
NIGHT ONLY!!!
9PM JULY·6
CHARLATANS
BIG BROTHER AND THE HOLDING COMPANY
BILL GRAHAM PRESENTS IN
NTRY JOE
THE FISH
FLAMIN' GROOVIES
TICKETS
STEVE MILLER BAND
JULY 16·17·18·19 FILLMORE WEST
COW PALACE

LP-Charts von *Cashbox* an sechster Stelle, und renommierte Zeitschriften wie *Life* hatten die Gruppe auf dem Titelblatt. Während »Surrealistic Pillow«, eine der ersten LPs mit tatsächlicher Drogenmusik, der musikalische Ausdruck der San-Francisco-Flower-Power-Periode war, enthielt das erste Album »Takes Off«, 1966 erschienen, noch eine Reihe purer Folkismen. Die für den späteren Jefferson-Airplane-Sound typischen Lieder sind »Let's Come Together« und »It's No Secrets«.

The Great Society

Als die Charlatans 1965 nach San Francisco zurückkehrten, törnten sie viele Leute an, ebenfalls Musik zu machen. Darunter waren auch einige Freunde, die sich für alles, was neu in den Medien geschah, interessierten, Darby (Leadgitarre) und Jerry Slick (Schlagzeug), Grace Slick (Vocal), David Manor (Rhythmusgitarre) und Peter Vandergelder (Bass). Und als Grace Stick einige Konzerte der Jefferson Airplane gesehen hatte, entschlossen sie sich, The Great Society zu gründen. Meist trat die Gruppe bei denselben Veranstaltungen wie Jefferson Airplane auf. Obwohl sie sehr viel früher einen Schallplattenvertrag angeboten bekamen, erschien ein Album mit allen Aufnahmen der Gruppen erst 1968, als die Gruppe längst nicht mehr existierte.

Sie befassten sich mit indischer Musik, David und Peter machten sich auf die Reise dorthin – sie sind angeblich bis heute nicht zurückgekehrt – und Grace Slick ersetzte 1967 Signe Toly Anderson bei den Jefferson Airplane, weil diese ein Baby erwartete, brachte ihre beiden Kompositionen »Somebody To Love« und »White Rabbit« mit – und verhalf Jefferson Airplane zu der plötzlichen Popularität.

Quicksilver Messenger Service

Auch sie entstanden um 1965 und die erste Besetzung war John Cipollina (Gitarre), Gary Duncan (Gitarre), David Freiberg (Bass), Gregory Elmore (Schlagzeug). Die Gruppe spielte eine eigenartige Verbindung aus hartem Rock und tiefem Blues mit sehr lyrischen Gesangspassagen. Sie lehnten es wie die meisten San-Francisco-Gruppen damals ab, Schallplatten zu machen, weil ihnen die Studioatmosphäre zuwider war. Stattdessen spielten sie in Parks oder für die Bewohner von Haight-Ashbury umsonst.

Leider habe ich die erste LP, die 1967 erschien, nie gehört, weil sie bei uns so gut wie nie zu bekommen war. Die folgenden Platten enthalten lange, langsame, fließende Improvisationsteile und sind experimentell wie die beiden ersten LPs der Grateful Dead. Für mich zählt »Happy Trails«, 1969 erschienen, zu den klassischen Platten der amerikanischen Rockmusik.

Big Brother & The Holding Company

Chet Helms übernahm die Organisation der Family Dog, als diese nach einigen Veranstaltungen soviel Geld verdient hatten, dass sie damit nach Mexiko gehen konnten. Er war mit Janis Joplin von Texas nach San Francisco gekommen und übernahm dort auch das Management der Big Brother & The Holding Company. Die Gruppe spielte von jedem ein bisschen, Folk, Blue Grass, Country, Soul und Rock – und sie waren einige der Leute, die das neu entstehende Kommunenleben organisierten und prägten. Helms Idee war es auch, dass Janis Joplin im Juni 1966 die Leadsängerin der Gruppe wurde – und damit den Stil der Band von da an bestimmte. Mehr und mehr traten die einzelnen Mitglieder in den Hintergrund, um für Janis Platz zu machen, die Musik wurde nur noch begleitender Background für ihre immense Stimme. Nach einem außergewöhnlich guten Album, »Cheap Thrills«, 1968 erschienen, verließ Janis zusammen mit dem Gitarristen Sam Andrews die Gruppe, um an ihren folgenden Alben mit einer eigenen Band zu arbeiten. Big Brother hat durch die auf dem Monterey Pop Festival 1967, wo sie einen wahren Sturm der Begeisterung auslösten, den internationalen Durchbruch geschafft, heute macht die Band weiter, ihre Musik ist unauffällig und auch etwas einfallslos geworden.

Paul Williams
ex und *kinetisch.*
trat RCA an die
einen 20.000
an, die höchste
er San Franzisko
r die Zusammen-
wierig, vor jeder
ge Diskussionen,
Texte nicht be-
ärungen verlang-

e niemals unsere
neinem Alter er-
singe, dann fühle
würde. Es ist die
eren."
atten selbst da,
ten waren, einen
Man kann sie des-
er der San Fran-
merzielle Musik-
hatten als erste
, einen für dama-
mhaften Schall-
die es ihnen er-
ihren Konzerten
n (daher fand die
rst 1968 statt),
chron-komponier-
nn McKay's Head
sogar einen eigenen
t ihren Hitsingles
nd „White Rabbit"
die erste Frisco-
schen Chart, kurz
eite LP SURREA-
beide Songs ent-
von Cashbox an 6.
Zeitschriften wie
pe auf dem Titel-
ALISTIC PILLOW
mit tatsächlicher
kalische Ausdruck
er Power Periode
Album TAKES
noch eine Reihe
für den späteren
nd typischen Lie-
e Together" und

Society

1965 nach San
n, törnten sie viele
Musik zu machen.
inige Freunde, die
in den Medien ge-
arby (Leadgitarre)
zeug), dessen Frau
vid Manor (Rhyth-
Vandegilder (Bass).
inige Konzerte der
sehen hatte, ent-
Great Society zu
e Gruppe bei den
wie Jefferson Air-

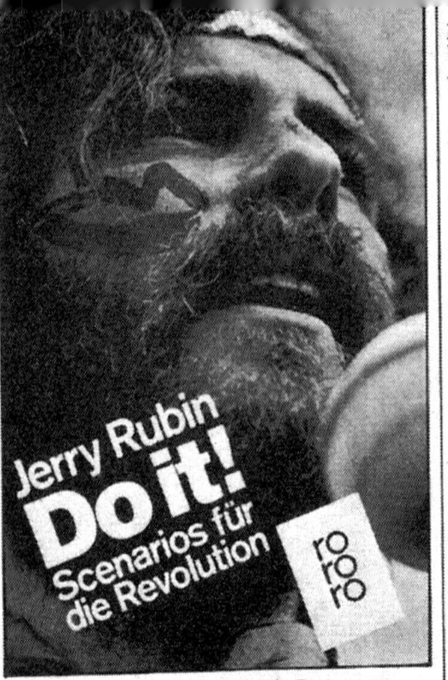

Jerry Rubin, Führer der Yippie-Bewegung.

Sie befaßten sich mit indischer Musik, David und Peter machten sich auf die Reise dorthin – sie sind angeblich bis heute nicht zurückgekehrt – und Grace Slick ersetzte 1967 Signe Toly Anderson bei den Jefferson Airplane, weil diese ein Baby erwartete, brachte ihre beiden Kompositionen „Somebody To Love" und „White Rabbit" mit – und verhalf Jefferson Airplane zu der plötzlichen Popularität.

The Quicksilver Messenger Service

Auch sie entstanden um 1965 und die erste Besetzung war John Cipollina (Gitarre), Gary Duncan (Gitarre), David Freiberg (Bass), Gregory Elmore (Drums). Die Gruppe spielte eine eigenartige Verbindung aus hartem Rock und tiefem Blues mit sehr lyrischen Gesangspassagen. Sie lehnten es wie die meisten San Franzisko Gruppen damals ab, Schallplatten zu machen, weil ihnen die Studioatmosphäre zuwider war. Stattdessen spielten sie in Parks oder für die Bewohner von Haight-Ashbury umsonst.

Leider habe ich die erste LP, die 1967 erschien, nie gehört, weil sie bei uns so gut wie nie zu bekommen war. Die folgenden Platten enthielten lange, langsame, fließende Improvisationsteile und waren experimentell wie die beiden ersten LPs der Grateful Dead. Für mich zählt HAPPY TRAILS, 1969 erschienen, zu den klassischen Platten der amerikansichen Rockmusik.

Big Brother And The Holding Company

Chet Helms übernahm die Organisation

pany. Die Gruppe spielte von
bißchen, Folk, Blue Grass, Cou
und Rock – und sie waren e
Leute, die das neuentstehende K
leben organisierten und prägte
Idee war es auch, daß Janis
Juni 1966 die Leadsängerin de
wurde – und damit den Stil
von da an bestimmte. Mehr
traten die einzelnen Mitgliede
Hintergrund, um für Janis Pla
chen, die Musik wurde nur no
tender Background für ihre
Stimme. Nach einem außerg
guten Album, CHEAP THRIL
erschienen, verließ Janis zusa
dem Gitarristen Sam Andrews d
um an ihren folgenden Alben
eigenen Band zu arbeiten. B
hat durch sie auf dem Mont
Festival 1967, wo sie einen wah
der Begeisterung auslösten,
nationalen Durchbruch geschaf
macht die Band weiter, ihre
unauffällig und auch etwas
geworden.

Grateful Dea

Ende der 50er Jahre grü
Gitarrist Jerry Garcia eine Jug
der später die Warlocks entst
sie durch den Schlagzeuger Bill
Kreutzman vervollständigt wur
ten sie sich Grateful Dead. Si
ten nicht nur wesentlich die
des neuentstehenden Westc
sondern unterstützten durch
Initiativen den neuen Lebenst
neration, die Organisation de
Kommune. „Die Dead ware
eine Band als eine soziale I
schreibt Lillian Roxon in ih
Encyclopedia". Sie waren eine
die mit Frauen, Kindern und F
in die großen, alten Häuser
Ashbury zogen, weil es da sc
(Das änderte sich allerdings b
Hausbesitzer mitbekamen, da
wurde, dort zu wohnen und
Geld zu machen war.)

Die Dead-Familie begann ih
noch für Musikgruppen einm
nisation aufzubauen, die fast
zumindest, soweit das überha
ist, von der Musikindustrie arb
ihrer Freunde übernahm ein
Arbeit, für den er am geei
schien, und so bekamen sie na
Spezialisten, denen sie vertrau
die nur in die Tasche der Fa
teten, von der jeder profiti
köpfiger Managerstab, eigene
nen, ein Rechtsanwalt, To
Roadies etc. begleiten die
immer sie spielt – und ge
Sicherheit, die sie benötigt.

Die Dead sind ein Myth

Grateful Dead

Ende der 50er Jahre gründete der Gitarrist Jerry Garcia eine Jug-Band, aus der später die Warlocks entstanden. Als sie durch den Schlagzeuger Bill Kreutzmann vervollständigt wurden, nannten sie sich Grateful Dead. Sie bestimmten nicht nur wesentlich die Richtung des neu entstehenden Westcoast-Sounds, sondern unterstützten durch zahlreiche Initiativen den neuen Lebensstil ihrer Generation, die Organisation der kreativen Kommune. »Die Dead waren weniger eine Band als eine soziale Institution«, schreibt Lillian Roxon in ihrer »Rock Encyclopedia«. Sie waren eine der ersten, die mit Frauen, Kindern und Freundinnen in die großen, alten Häuser der Haight-Ashbury zogen, weil es da so billig war. (Das änderte sich allerdings bald, als die Hausbesitzer mitbekamen, dass es Mode wurde, dort zu wohnen und damit mehr Geld zu machen war.)

Die Dead-Familie begann ihre bis heute noch für Musikgruppen einmalige Organisation aufzubauen, die fast unabhängig, zumindest, soweit das überhaupt möglich ist, von der Musikindustrie arbeitet. Jeder ihrer Freunde übernahm einen Teil der Arbeit, für den er am geeignetsten erschien und so bekamen sie nach und nach Spezialisten, denen sie vertrauen konnten, die nur in die Tasche der Familie arbeiteten, von der jeder profitierte. Ein fünfköpfiger Manager-Stab, eigene Sekretärinnen, ein Rechtsanwalt, Toningenieure,

Roadies etc. begleiten die Gruppe, wo immer sie spielt – und geben ihr die Sicherheit, die sie benötigt.

Die Dead sind ein Mythos, der zur Legende wurde. »Ich möchte nur einmal wissen, was für ein Image die Dead in Europa haben; für die einen scheinen sie ein wilder Haufen von Monstren, für die anderen Trip-Heilige oder aber die größten Stars überhaupt zu sein«, wunderte sich Alan Trist, der bei den Dead für die Musikrechte verantwortlich ist. Tatsächlich gibt es kaum eine Musikgruppe, die einen derartigen Kometenschweif von Mythen hinter sich herzieht. Das noch immer kursierende Gerücht über die Musikkommune, die zu Dutzenden zusammenhaust, Verhaftungen wegen Drogenbesitzes (die bei den Westcoast-Bands eh zum Alltag gehörten), Geschichten aus den Tagen der Acid-Tests und Trip-Festivals und ihre gleichzeitig ablehnende Haltung dem Musikbusiness gegenüber schürte nur die Phantasie von Fans und Journalisten.

»Rock'n'Roll ist die neue Form der Kommunikation unserer Generation«

Luria Castell von Family Dog

Die Kommunikation begann mit der ersten Veranstaltung der Family Dog im Oktober 1965 – und zog zahlreiche, inzwischen ebenfalls legendäre Festivals, Konzerte oder was auch immer, nach sich. Family Dog brachten die Lovin' Spoonful aus New York und die

Byrds aus Los Angeles nach Frisco. Etwa zur selben Zeit lief eine Benefizveranstaltung von Bill Graham, die der Manager einer radikalen Theatergruppe, der San Francisco Mime Troupe, organisierte. The Mime Troupe war in ständigen Schwierigkeiten mit der Polizei, weil sie ohne Genehmigung im Freien auftrat – und außerdem das damals im Sprachgebrauch noch ungewöhnliche Wort *Fuck* öffentlich benutzte. Und während in San Francisco die Musikveranstaltungen liefen, fand die erste öffentliche Demonstration der Studenten der University of California in Berkeley statt. Dichter wie Lawrence Ferlinghetti, Robert Duncan und Michael McClure hielten Ansprachen und lasen ihre Gedichte vor, und Ken Keseys Merry Pranksters wurden mit den Hells Angels und der Polizei in eine Schlägerei verwickelt. Musik machte The Instant Action Jug Band, die kurze Zeit später als Country Joe & The Fish bekannt wurden. Auch sie zählen zu den Gruppen, die das Monterey Pop Festival 1967 schlagartig bekannt machten.

Bill Grahams Erfolg mit dem Mime-Troupe-Benefizkonzert, bei dem die Jefferson Airplane spielten und Lawrence Ferlinghetti und Allen Ginsberg anwesend waren, veranlasste ihn, für sein nächstes Wohltätigkeitskonzert nach einem größeren Raum Ausschau zu halten. Er stieß auf das »Fillmore Auditorium«, ein altes Kino, und kündigte für den 10. Dezember 1965 »Appeal II, For Continued Artistic Freedom In The Arts« an. Es spielten u. a. Jefferson Airplane, The War-

ßten Stars überhaupt zu sein", wun-
te sich Alan Trist, der bei den Dead
die Musikrechte verantwortlich ist.
sächlich gibt es kaum eine Musik-
ppe, die einen derartigen Kometen-
weif von Mythen hinter sich herzieht.
s noch immer kursierende Gerücht
r die Musikkommune, die zu Dutzen-
zusammenhaust, Verhaftungen we-
ogenbesitzes (die bei den Westcoast-
ds eh zum Alltag gehörten), Geschich-
aus den Tagen der *Acid-Tests* und
p-Festivals und ihre gleichzeitig ab-
nende Haltung dem Musikbusiness
enüber schürte nur die Phantasie von
s und Journalisten.

Rock 'n' Roll ist die neue Form der Kommunikation unserer Generation

Luria Castell von den Family Dog

Die Kommunikation begann mit der
ten Veranstaltung der *Family Dog* im
tober 1965 – und zog zahlreiche, in-
schen ebenfalls legendäre Festivals,
nzerte oder was auch immer, nach
. *Family Dog* brachten die Lovin'
oonful aus New York und die Byrds
Los Angeles nach Frisco. Etwa zur
en Zeit lief eine Benefit-Veranstaltung
Bill Graham, die der Manager einer
ikalen Theatergruppe, „The Mime
oupe" organisierte. „The Mime Troupe"
in ständigen Schwierigkeiten mit der
izei, weil sie ohne Genehmigung im
ien auftraten – und außerdem das
nals im Sprachgebrauch noch unge-
hnliche Wort *Fuck* öffentlich benutzte.
d während in San Franzisko die Musikveranstaltungen liefen, fand die erste der „University of California" in Berkeley statt, der „Berkeley Vietnam Day March", später als Gründungstag der Yippies, dem politischen Pendant der Hippies statt. Dichter wie Ferlinghetti, Robert Duncan und Michael McClure hielten Ansprachen und lasen ihre Gedichte vor, und Ken Kesey's Merry Pranksters wurden mit den Hell's Angels und der Polizei in eine Schlägerei verwickelt. Musik machte The Instant Action Jug Band, die kurze Zeit später als Country Joe & The Fish bekannt wurden. Auch sie zählen zu den Gruppen, die das „Monterey Pop Festival 1967" schlagartig bekannt machten.

Bill Grahams Erfolg mit dem „Mime Troupe Benefit" Konzert, bei dem die Jefferson Airplane spielten und Ferlinghetti und Allan Ginsberg anwesend waren, veranlaßte ihn, für sein nächstes Wohltätigkeitskonzert nach einem größeren Raum Ausschau zu halten. Er stieß auf das „Fillmore Auditorium", ein altes Kino, und kündigte für den 10. Dezember 1965 „Appeal II, For Continued Artistic

Jefferson Airpla
Society und die
3500. Der Schrift
tete im Januar da
sein legendäres *Tr*
Wochenende fand
in der „Longsho
organisiert von d
KYA und eine in
den Leuten der *F*
wo Jefferson Airpl
auftraten.

Am 21., 22.
mietete Ken Kes
Hall für sein 3-tägi
gesamt etwa 20.0
div. Lightshowte
Video- und Kuns
dem totalen Envi
Grateful Dead u
Holding Company
neue Situation,
Tanz, jeder spie
Bühne, wenn er
tanzte, wo imme

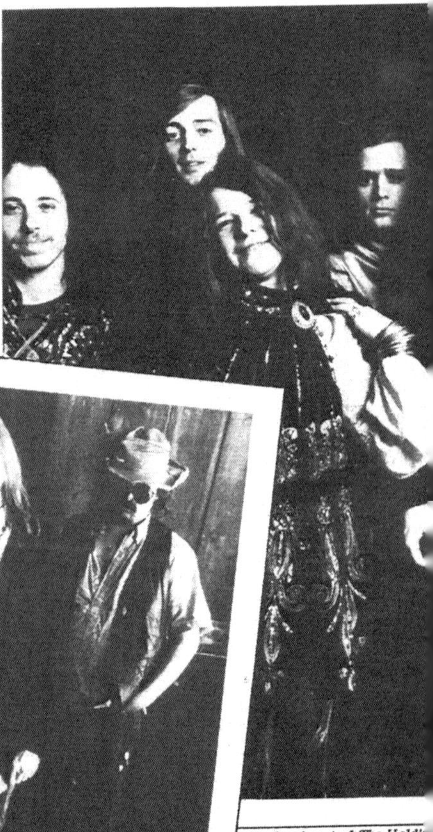

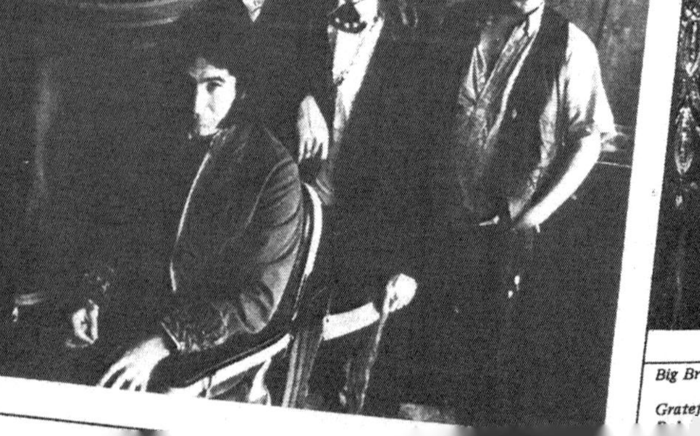

Big Brother And The Holdi

Grateful Dead: Phil Lesh,

locks, The Great Society und die Besucherzahl lag bei 3500. Der Schriftsteller Ken Kesey mietete im Januar darauf das »Fillmore« für sein legendäres Trips Festival. Am selben Wochenende fand eine Tanzveranstaltung in der »Longshoremen's Hall« statt, organisiert von der freien Radiostation KYA und eine in der »California Hall«, von den Leuten der Family Dog organisiert, wo Jefferson Airplane und The Charlatans auftraten.

Am 21., 22. und 23. Januar 1966 mietete Ken Kesey die »Longshoremen's Hall« für sein dreitägiges Trips Festival, das insgesamt etwa 20.000 Leute anzog. Neben diversen Lightshow-Teams, Theatergruppen, Video- und Kunstspielereien gab es in dem totalen Environment Musik von den Grateful Dead und Big Brother & The Holding Company. Aber es war eine völlig neue Situation, kein Konzert und kein Tanz, jeder spielte mit, kam auf die Bühne, wenn er Lust dazu hatte, jeder tanzte, wo immer es ihm einfiel; jeder versuchte sich selbst so gut wie möglich zu realisieren, sich eine schöne Zeit zu machen. Für die anwesenden Journalisten war es ein umwerfendes Ereignis, mit dem sie lange Zeit nichts anfangen konnten, weil sie einfach nicht begriffen, was sie da erlebt hatten. So zumindest scheint Ralph J. Gleason, der Verfasser des Buches »The Jefferson Airplane and the San Francisco Sound« zu denken. Im Februar fand abermals vom 4.–6. ein Festival statt, das Tag und Nacht durchlief und bei dem u. a. Jefferson Airplane und Quicksilver

Messenger Service auftraten. Am selben Wochenende war auch eine andere Veranstaltung der Family Dog, die nach einer gewissen Auflösungsphase von den Dead-Managern Rock Scully und Danny Rifkin und später von Chet Helms, der sich durch seine »Legalisiert Marihuana«-Demonstrationen einen Namen gemacht hatte, weitergeführt wurde. Es spielten The Charlatans und Electric Train in der »California Hall«. Das von Bill Graham vorgeschlagene Prinzip, die Veranstaltungen abwechselnd an den Wochenenden abzuhalten, nahm niemand zu ernst und es war auch nicht nötig, keine der Veranstaltungen konnte sich über mangelnde Besucher beklagen.

Neben den vielen größeren Konzerten fanden aber auch noch ständig in den überall entstehenden Rockclubs und Diskotheken Auftritte statt. In Berkeley gab es »Le Cabale«, ein Folkclub, in dem Bob Dylan mit The Band auftrat und »The Jabberwock«, wo Country Joe & The Fish starteten, in San Francisco »The Matrix« und »Peppermint Tree«, wo die Byrds spielten, »Mother's« und »Coffee Gallery«.

Hippies, Yippies, *Be-ins*, Open Air und Free Concerts

Im Spätfrühling 1966 gründeten die Mime Troup die »Artists Liberation Front«, eine Organisation, die bedürftigen Gruppen unter die Arme greifen wollte.

Dazu veranstalteten sie eine Free Fair, ein drei Tage und Nächte andauerndes Festival im State-College-Campus. Der Eintritt war frei, Künstler arbeiteten mit dem Publikum zusammen, Kinder spielten und Musik kam von den Grateful Dead und anderen Frisco-Gruppen. Aus den Free Fairs entwickelte sich das erste Gathering Of The Tribes, das am 14. Januar 1967 im Golden Gate Park von San Francisco stattfand und als erstes *Be-in* in die Geschichte der Westcoast einging. Es war ein Samstagnachmittag, etwa 20.000 Leute versammelten sich einfach, um Musik zu hören, zu tanzen, einen Joint zu rauchen und andere zu treffen. Jefferson Airplane haben später einen Song darüber geschrieben »Won't You Try/Saturday Afternoon«, der auf ihrem dritten Album »After Bathing At Baxters« erschien:

> Saturday afternoon/ when your head is feeling fine/ you can ride inside our car/ I will give you caps of blue and silver sunlight for your hair/ all that soon will be is what you need to see, my love/ won't you try/ won't you try/ I do care that you do see/ Is it time to leave, my lady/ yes it is I know round about and everywhere sunshine instead of snow/ times can't change that what I say is true
>
> [...]
>
> Saturday afternoon/ yellow clouds rising in the lune/ acid incense and ballons/ saturday afternoon/ people dancing everywhere/ love is shou-

ting I dont care/ its a time for growing and a time for knowing/ saturday afternoon

[...]

Free Speech Movement

Die *Be-ins* und *Love-ins* waren die ersten Open Air und Free Concerts, die ersten Festivals und wohl die besten, denn sie waren gratis, meist eine spontane Idee. Gruppen wie die Jefferson Airplane und Grateful Dead veranstalteten sie, um die unzähligen Jugendlichen, die nach San Francisco gepilgert kamen, von den Straßen wegzulocken, wo sie meist Schwierigkeiten mit der Polizei bekamen. Die Dead verkauften dafür ihre Superanlage und Bassist Phil Lesh konstruierte eine fahrbare Anlage in einem Bus, mit der sie jederzeit überall auftreten konnten.

Parallel zu den *Be-ins* der San-Francisco-Hippies entwickelte das Free Speech Movement eine Organisation der Yippies einer Studenten-Bewegung in Berkeley, die nicht pur wie die Linken und nicht angetörnt wie die Hippies, sondern beides in einem sein wollten. Nicht-Studenten wurden vom Universitätsgelände verbannt, und es wurde untersagt, dass politische Gruppen Flugblätter auf dem Campus-Gelände verteilten. Sie verzogen sich mit den Nicht-Studenten auf die Telegraph Avenue, eine Straße, die alle Studenten, die die Universität besuchen wollten, täglich pas-

ag und
Jeffer-
ssenger
'ochen-
taltung
ewissen
nagern
in und
durch
onstra-
te, wei-
Charla-
lifornia
hlagene
bwech-
halten,
ar auch
ltungen
esucher

nzerten
in den
s und
erkeley
in dem
rat,und
& The
Matrix,
pielten,

es,
air
rts

ten die
peration
ürftigen
wollte.
ee Fair,
uerndes
us. Der
ten mit
spielten
ul Dead
Aus den
as erste
am 14.
ark von
ls erstes
estcoast
hmittag,
ten sich
tanzen,
dere zu
haben
chrieben
f ihrem
NG AT

u can

time can change but what I say is true
all is real and I'll come trough for you
and I'll come trough for you my love
won't you try won't you try.

Saturday afternoon
yellow clouds rising in the loon
I set incence in the rooms
saturday afternoon
people dancin everywhere now they're
shouting I don't care
there's time for going and a time for
knowing
saturday afternoon

Free Speech Movement

Die *Be-Ins* und *Love-Ins* waren die ersten Open Air und Free Concerts, die ersten Festivals und wohl die besten, denn sie waren gratis, meist eine spontane Idee. Gruppen wie die Jefferson Airplane und Grateful Dead veranstalteten sie, um die unzähligen Jugendlichen, die nach San Franzisko gepilgert kamen, von den Straßen wegzulocken, wo sie meist Schwierigkeiten mit der Polizei bekamen. Die Dead verkauften dafür ihre Superanlage und Bassist Phil Lesh konstruierte eine fahrbare Anlage in einem Bus, mit der sie jederzeit überall auftreten konnten.

Parallel zu den *Be-Ins* der San Franzisko Hippies entwickelte das *Free Speech Movement* eine Organisation der Yippies einer Studenten-Bewegung in Berkeley, die nicht pur, wie die Linken und nicht angetörnt wie die Hippies, sondern beides in einem sein wollten. *Nicht-Studenten* wurden vom Universitätsgelände verbannt, und es wurde untersagt, daß politische Gruppen Flugblätter auf dem Campus-Gelände verteilten. Sie verzogen sich mit den *Nicht-Studenten* auf die Telegraph Avenue, eine Straße, die alle Studenten, die die Universität besuchen wollten, täglich passieren mußten. Und als die Yippies nach langen friedlichen Verhandlungen mit der Universitätsverwaltung nicht einig wurde, da geschah es, daß Joan Baez sang, Mario Savio eine Rede hielt, und der Gouverneur befahl, das Gebäude räumen zu lassen. 800 Leute wurden verhaftet,der Guerilla-Krieg an den Universitäten und Schulen Amerikas hatte begonnen. Das nächste große Ereignis war der „Vietnam Day", wo das „Vietnam Day Committee" mit einem 36 Stunden Happening versuchte, einen Zug, der GIs nach Vietnam bringen sollte, und Oakland passieren mußte, aufzuhalten.

Die VDC-Bewegung löste etliche Unternehmen dieser Art aus, Konflikte mit der Polizei und Öffentlichkeit waren er-

Voraussetzung zu erfüllen. Jeder schre seinen eigenen Slogan, jeder protesti gegen das, was ihn persönlich stört. Jed mann ist sein eigener Yippie." (Je Rubin) etc., der sollte das Buch „Do I von Jerry Rubin lesen (rororo 1411-13

Zur selben Zeit spielten die Bea zum ersten Mal in Deutschland, sie tra am 23. und 24.6.66 in München auf, sah zum erstenmal eine Rockgru live – das beeindruckte mich maßl Songs wie „I Got You Babe" von So und Cher, „Satisfaction" von den Rol Stones, „Hang On Sloopy" von McCoys, „Help", „I Feel Fine" von Beatles, „Eve Of Destruction" von Ba McGuire, „Like A Rolling Stone" Bob Dylan machten die Hitparaden 1965 in Amerika, 1966 waren es „C fornia Dreamin" von den Mamas & Pa „Daydream" von den Lovin' Spoon „Turn Turn Turn" von den Byrds, „Pa back Writer" von den Beatles, „Sunsh Superman" von Donovan etc. etc.

Die *Flower Power Welle* brachte men, indische Kleidung und Schmuc Mode, Räucherstäbchen, Haschischp chen, Glöckchen, Kettchen und Psy delic Poster. Die Posterwelle begann rollen, auch bei uns. Doch die Indus hatte die Westcoastwelle bereits in Griff bekommen, sodaß wir sie nur n als ein Kommerzprodukt geliefert b men. Die eigentliche Idee war auf Überfahrt schon gestorben.

In Europa lief die Mini-Welle an, hörten „All Or Nothing" von den S Faces, „Let's Spend The Night Toget von den Rolling Stones und „Dead Street" von den Kinks, bis auch englischen Gruppen anfingen, Fl Power Songs zu schreiben und Dro texte zu verfassen.

Donovan widmete den Jefferson plane mit „Fat Angel" einen Song u Los Angeles gründete Stephen Stills, gerne ein Mitglied der Byrds gewo wäre, mit seinem Freund Richie F die Buffalo Springfield, nachdem er alte Freunde aus Kanada, Neil Y und Bruce Palmer,zufällig auf einer ßenkreuzung in L.A. wiedertraf. De Martin kam als Schlagzeuger dazu. dritte Single „For What It's Worth der Stills die Ereignisse in Hollywoo eine Straßenschlacht der Hippies Polizei und Bürgern beschrieb, wurd einer der ersten Hippie-Hymnen. T dem gelang der Gruppe nie der g Sprung. Und John Phillips von den M & Papas machte Pläne für sein Mon Pop-Festival, das zahlreiche unbeka Gruppen plötzlich über Nacht bek machen sollte.

Fortsetzung

sieren mussten. Und als die Yippies nach langen friedlichen Verhandlungen mit der Universitätsverwaltung nicht einig wurde, da geschah es, dass Joan Baez sang, Mario Savio eine Rede hielt und der Gouverneur befahl, das Gebäude räumen zu lassen. 800 Leute wurden verhaftet, der Guerilla-Krieg an den Universitäten und Schulen Amerikas hatte begonnen. Das nächste große Ereignis war der »Vietnam Day«, wo das »Vietnam Day Committee« (VDC) mit einem 36-Stunden- Happening versuchte, einen Zug, der GIs nach Vietnam bringen sollte und Oakland passieren musste, aufzuhalten.

Die VDC-Bewegung löste etliche Unternehmen dieser Art aus, Konflikte mit der Polizei und Öffentlichkeit waren erwünscht, sie erregten das öffentliche Interesse und Verhaftungen waren für Leute wie Jerry Rubin, Jack Weinberg etc. eine Ehre. Wer mehr darüber erfahren möchte, über den Marsch auf Oakland, das Verbrennen von Vietnam-Einberufungsbefehlen, Jerry Rubins Bewerbung um die Wahl zum Bürgermeister, das Weltbild der Yippies: »Um Yippie zu werden, braucht man keine ideologische Voraussetzung zu erfüllen. Jeder schreibe seinen eigenen Slogan, jeder protestiere gegen das, was ihn persönlich stört. Jedermann ist sein eigener Yippie.« (Jerry Rubin) etc., der sollte das Buch »Do It!« von Jerry Rubin lesen.

Zur selben Zeit spielten die Beatles zum ersten Mal in Deutschland, sie traten am 23. und 24.6.66 in München auf, ich sah zum ersten Mal eine Rockgruppe live – das beeindruckte mich maßlos. Songs wie »I Got You Babe« von Sonny und Cher, »Satisfaction« von den Rolling Stones, »Hang On Sloopy« von den McCoys, »Help«, »I Feel Fine« von den Beatles, »Eve Of Destruction« von Barry McGuire, »Like A Rolling Stone« von Bob Dylan machten die Hitparaden von 1965 in Amerika, 1966 waren es »California Dreamin'« von den Mamas and the Papas, »Daydream« von den Lovin' Spoonful, »Turn! Turn! Turn! (To Everything There Is a Season)« von den Byrds, »Paperback Writer« von den Beatles, »Sunshine Superman« von Donovan etc. etc.

Die Flower-Power-Welle brachte Blumen, indische Kleidung und Schmuck in Mode, Räucherstäbchen, Haschischpfeifchen, Glöckchen, Kettchen und Psychedelic-Poster. Die Posterwelle begann zu rollen, auch bei uns. Doch die Industrie hatte die Westcoast-Welle bereits in den Griff bekommen, sodass wir sie nur noch als ein Kommerzprodukt geliefert bekamen. Die eigentliche Idee war auf der Überfahrt schon gestorben.

In Europa lief die Minis-Welle an, wir hörten »All Or Nothing« von den Small Faces, »Let's Spend The Night Together« von den Rolling Stones und »Dead End Street« von den Kinks, bis auch die englischen Gruppen anfingen, Flower-Power-Songs zu schreiben und Drogentexte zu verfassen.

Donovan widmete den Jefferson Airplane mit »The Fat Angel« einen Song und in Los Angeles gründete Stephen Stills, der gerne ein Mitglied der Byrds geworden wäre, mit seinem Freund Richie Furay Buffalo Springfield, nachdem er zwei alte Freunde aus Kanada, Neil Young und Bruce Palmer, zufällig auf einer Straßenkreuzung in L.A. wiedertraf. Dewey Martin kam als Schlagzeuger dazu. Ihre dritte Single, »For What It's Worth«, in der Stills die Ereignisse in Hollywood 1966, eine Straßenschlacht der Hippies mit Polizei und Bürgern, beschrieb, wurde zu einer der ersten Hippie-Hymnen. Trotzdem gelang der Gruppe nie der große Sprung. Und John Phillips von den Mamas and the Papas machte Pläne für sein Monterey Pop Festival, das zahlreiche unbekannte Gruppen plötzlich über Nacht bekannt machen sollte.

Los Angeles erwacht

»A happy combination of good music and good commercial sound« nannte Lillian Roxon in ihrer Rock-Enzyklopädie die Musik der Turtles. Dieses Prädikat galt fast allen Gruppen aus Los Angeles. Vom Erwachen dieser Stadt und den Aktivitäten, die von hier ausgingen, handelt dieser Teil unserer »leicht verklärten Erinnerungen«.

Zwischen dem ersten Byrds-Hit »Mr. Tambourine Man« und dem Monterey Pop Festival 1967 passierte allerdings noch allerhand in L.A., die Stadt war erwacht und bot eine ganze Reihe neuer Gruppen als Pendant zum kommerziellen Paul Revere & The Raiders-Sound an. Eine der erfolgreichsten Gruppen waren die Turtles, die seit Anfang der 60er Jahre zusammenspielten und regelmäßig die Ausscheidungen der Amateurgruppen, genannt »Battle Of The Bands«, gewonnen. Sie landeten ihren ersten Hit ebenfalls mit der rockigen Version einer Dylan-Komposition, und zwar »It Ain't Me Babe«, und der Erfolg öffnete ihnen sofort die Türen aller wichtigen amerikanischen und englischen Clubs. Laut Lillian Roxon war ihre Musik »a happy combination of good music and good commercial sound«.

Nicht minder erfolgreich war das Duo und Ehepaar Sonny & Cher, die mit zahlreichen Dylan-Imitationen wie »I Got You Babe« von sich reden machten, mehr aber noch durch auffällige Kleidung und Skandälchen. Love, die zu den wichtigsten und verkanntesten Gruppen zählte, genoss zwar einen enormen Ruf als *underground band*, vor allem in England, erlebte aber trotz eines eigenwilligen Sounds und eines großen musikalischen Potenzials kaum kommerzielle Erfolge. Sie war eine Gruppe, in der sich die Welt der Beatles, Stones und des Folkrocks traf, eine Verbindung aus England und Amerika. Gründer war Arthur Lee, ein Multiinstrumentalist und ausgezeichneter Sänger, ein Schwarzer, der wie Mick Jagger klingen wollte und dadurch den Soul der Schwarzen mit dem Zynismus eines weißen Rocksängers verband. Die anderen Mitglieder der Gruppe wechselten wie die Hits in den Charts.

Blues aus Chicago

Im selben Jahr fand auch die allererste Besetzung der Canned Heat zusammen, die puren, alten Blues mit viel Rockfeeling bringen wollten, und Skip Battin, ein Schauspieler, versuchte sich als Folksänger in Cafébars und gründete nach dem Schema der Byrds eine Gruppe, genannt Evergreen Blueshoes.

Während die Westcoast wenig am puren Blues interessiert war, blühte in Chicago eine ganz neue, weiße Bluesszene auf, die eine ganze Reihe bekannter Musiker hervorbrachte, die sich später an der Westcoast niederließen, z. B. Steve Miller, Sänger und Gitarrist, der bereits im Alter von fünf Jahren zum ersten Mal zur Gitarre griff. Seinen ersten Unterricht erhielt er von Mary Ford, der Frau von Les Paul (Gibson), der die berühmten Gitarren baute. Das war in Milwaukee, und als Millers Familie nach Dallas/Texas, umzog, kam Steve zum ersten Mal mit R&B in Kontakt. Er spielte in vielen Highschool-Bands, ging mit 17 Jahren zum Studium nach Wisconsin und landete kurze Zeit später in Chicago, wo er Sessions mit Muddy Waters, Buddy Guy und Otis Rush spielte. Mit Barry Goldberg gründete er die Goldberg-Miller Blues Band, die bald in The Barry Goldberg Blues Band und The Steve Miller Blues Band zerfiel. Steves Band blieb an der Westküste hängen, und nach ihrem ersten Auftritt im »Matrix« in San Francisco gehörte sie fest zur Szene »Avalon«, »Fillmore« und »Winterland«.

Mike Bloomfield stammte aus Chicago, wo er während der Schulzeit in Tanzbands spielte. Dann wurde auch er von R&B und Blues gepackt. Er spielte mit Steve Miller, Nick Gravenites, Big Joe Williams und all den Chicagoer Bluesgrößen zusammen, aber sein Vorbild war Paul Butterfield. Eines Tages traf er im Club »The Bear« Bob Dylan, kam mit ihm ins Gespräch und erhielt Wochen später eine Einladung, als Sessionmusiker auf »Highway 61 Revisited« mitzuspielen,

Los Angeles erwacht

Westcoast-Mythos 3. Teil

„A happy combination of good music and good commercial sound" nannte Lilian Roxon in ihrer Rock-Enzyklopädie die Musik der Turtels. Dieses Prädikat galt für fast alle Gruppen aus Los Angeles. Vom Erwachen dieser Stadt und den Aktivitäten, die von hier ausgingen, handelt dieser Teil unserer „leicht verklärten Erinnerungen".

von Ingeborg Schober

dem ersten Byrds Hit „Mr. Man" und dem „Monterey 1967" passierte allerdings nd in L.A., die Stadt war er- oot eine ganze Reihe neuer Pendant zum kommerziellen And The Raiders-Sound an. 'olgreichsten Gruppen waren lie seit Anfang der 60er Jahre ielten und regelmäßig die gen der Amateurgruppen, *tle of the Bands*, gewannen. ihren ersten Hit ebenfalls mit Version einer Dylan-Kompo- war „It Ain't Me Babe" und ffnete ihnen sofort die Türen :en amerikanischen und eng- s. Laut Lillian Roxon war „a happy combination of nd good commercial sound".

nder erfolgreich war das Duo Sonny & Cher, die mit zahl- an-Imitationen wie „I Got on sich reden machten, mehr urch auffällige Kleidung und .

die zu den wichtigsten und n Gruppen zählte, genoß zwar n Ruf als *underground band*, England, erlebte aber trotz willigen Sounds und eines sikalischen Potentials kaum e Erfolge. Sie war eine der sich die Welt der Beatles des Folkrocks traf, eine Ver- England und Amerika. Grün- hur Lee, ein Multiinstrumen- ausgezeichneter Sänger, ein der wie Mick Jagger klingen dadurch den Soul der Schwar- em Zynismus eines weißen verband. Die anderen Mit- Gruppe wechselten wie die hart.

es aus Chicago

Jahr fand auch die allererste ler Canned Heat zusammen.

sänger in Cafebars und gründete nach dem Schema der Byrds eine Gruppe, genannt Evergreen Bluesshoes.

Während die Westcoast wenig am puren Blues interessiert war, blühte in Chicago eine ganz neue, weiße Bluesszene auf, die eine ganze Reihe bekannter Musiker her- vorbrachte, die sich später an der West- coast niederließen, z.B. Steve Miller, Sänger und Gitarrist, der bereits im Alter von 5 Jahren zum erstenmal zur Gitarre griff. Seinen ersten Unterricht erhielt er von Mary Ford, der Frau von Les Paul (Gibson), der die berühmten Gitarren baute. Das war in Milwaukee, und als Millers Familie nach Dallas, Texas, um-

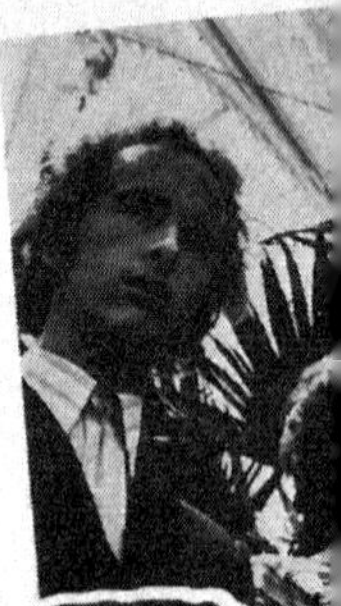

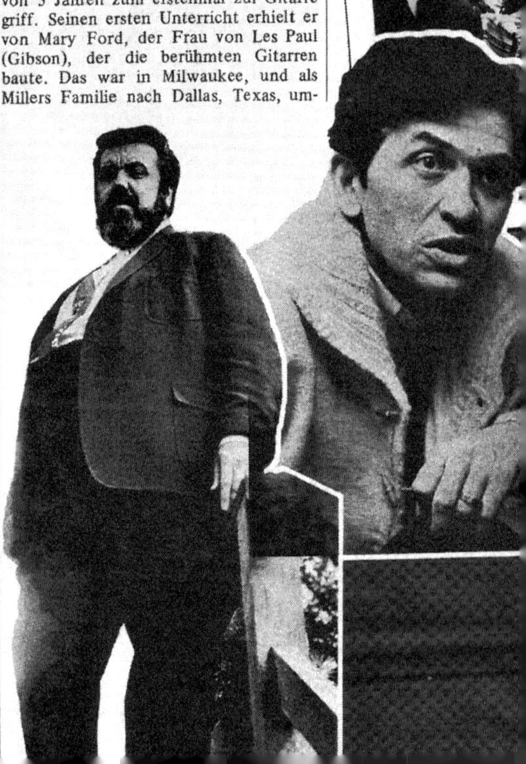

bei der auch Al Kooper mitwirkte. Dann hatte er eine Band, die einfach als The Group bekannt war und in Newport machte Dylan ihm das Angebot, für ihn als Gitarrist zu arbeiten. Gleichzeitig bot Paul Butterfield ihm an, in seiner Bluesband mitzuspielen. Mike entschied sich für letzteres, so kam er an die Westküste. Das erste Album der Gruppe war, wenn man die Zeit bedenkt, gewagt, denn es war purer weißer Blues.

Byrdsmania & Sommerhits

Im Februar 66 erschien »Turn! Turn! Turn!«, das zweite Album der Byrds und Buffalo Springfield wurde von den Byrds für ihre ersten Gigs angeheuert, für die sie 125 Dollar erhielten. Später spielten sie als Vorgruppe bei einer Byrds- und Beach-Boys-Tournee. Crosby und Stills wurden Freunde, Gene Clark verließ die Gruppe, um mit Doug Dillard, dem Leader der Dillards, einer Blue-Grass-Gruppe aus L.A., ein Country-Duo, Dillard & Clark, zu gründen. Die Byrds kamen nach ihrem sensationellen Erfolg in L.A. zum ersten Mal nach New York und lösten dort eine Beatles-ähnliche Hysterie bei den Teens aus, aber auch Leute, die bisher Rockkonzerte gemieden hatten, waren plötzlich im »Village Gate« zu finden wie Norman Mailer und Allen Ginsberg, denn das Image der Gruppe, von Pressemann Derek Taylor raffiniert aufgebaut, machte sie zu einem *hype*, dem man nicht ausweichen konnte – und schließlich spielte David Crosby Sitar, als Erster in der Popgeschichte, Raga-Rock wurde ein magisches Wort und die Beatles ließen sich davon beeinflussen.

Die erste Buffalo-Springfield-LP wurde ein Reinfall, sie war zu schlecht produziert. The Mamas and the Papas aus New York träumten »California Dreamin'« und siedelten nach Los Angeles über, die Lovin' Spoonful hatten in New York einen immensen Hit mit »Summer In The City« und in L.A. sangen die Beach Boys »Barbara Ann« und Sonny & Cher »Bang Bang«, während wir wochenlang den Los-Bravos-Song »Black Is Black« in den Hitparaden hatten, im Kino »Der junge Törless« von Schlöndorff sahen. Donovan sang von »Sunshine Superman«, es war eine Zeit der sommerlichen kalifornischen Gefühle sozusagen. Es lag was in der Luft.

Mothers Freak Out

Amerikas Musiker hatten zu denken begonnen, das zeigte die erste LP einer Gruppe namens Mothers of Invention, die zwar nicht von allen Radiostationen abgenudelt wurde und nicht die Hitparaden erklomm, aber trotzdem ganz schöne Auswirkungen hatte. Freak Out: ein neues Gefühl der Freiheit, der Kritik und des Spotts, kreiert von Frank Zappa.

Zappa, der eigentlich Schlagzeuger werden wollte, hatte ebenfalls seine erste Gruppe in der Highschoolzeit. Das war 1954 in Lancaster. Sie nannten sich The Black-Outs. Da der Gitarrist nicht so spielte wie Zappa sich das vorstellte, lernte Zappa mit 18 selbst Gitarre.

Als er die Black-Outs verließ, nannten sie sich in The Omens um und es spielten einige Leute der späteren Mothers sowie Don Van Vliet, später Captain Beefheart (And His Magic Band), mit.

Die Mothers-Legende beginnt folgendermaßen: Jimmy Carl Black ging in einen Laden, um seine Cymbals zu verkaufen und rannte dort in Roy Estrada. Nach einer kurzen Unterhaltung gründeten sie die Soul Giants, zu denen Ray Collins stieß. Als dieser mit dem Gitarristen Krach bekam, heuerten sie Frank Zappa an, der in Geldnot war und eine Chance witterte. Leider war es die Zeit der britischen Invasion der Beatles und Rolling Stones und die Captain Glasspack & His Magic Mufflers, wie sie sich inzwischen nannten, hatten mit ihrer orthodoxen Spielweise nicht viel Glück in Clubs und bei Plattenfilmen. Als sie in Pomona im »Broadside« auftraten, nannten sie sich aus einer Laune The Mothers, eine frühere Gruppe Zappas hieß so, und dass am selben Tag Muttertag war, hält Zappa für einen absoluten Zufall. The Mothers spielten lange Zeit in Go-go-Bars, bis Freund und Manager Mark Cheka ihnen einen Gig für eine Party des Regisseurs von »Mondo Hollywood« verschaffte. Dort sah sie Herb Cohen, der sie ans »Action« in Hollywood vermittelte, das sie ein paar Monate zuvor wegen zu kurzer (!) Haare abgelehnt hatte. Sie waren noch im-

wo er Sessions mit
ıddy Guy und Otis
rry Goldberg gründete
Miller-Blues-Band, die
berg Blues Band und
Band zerfiel. Steves
Vestküste hängen, und
Auftritt im Matrix in
rte es fest zur Szene
d Winterland.
stammte aus Chicago,
chulzeit in Tanzbands
e auch er von R & B
Er spielte mit Steve
ites, Big Joe Williams
goer Bluesgrößen zu-
ı Vorbild war Paul
Tages traf er im Club
lan, kam mit ihm ins
lt Wochen später eine
onmusiker auf HIGH-
elen, bei der auch
e. Dann hatte er eine
s The Group bekannt
rt machte Dylan ihm
ihn als Gitarrist zu
ig bot Paul Butterfield
uesband mitzuspielen.
für letzteres, so kam
e. Das erste Album der
man die Zeit bedenkt,
purer weißer Blues.

& Sommerhits

schien TURN, TURN,
Album der Byrds und
wurde von den Byrds
angeheuert, für die sie
. Später spielten sie als
er Byrds und Beach
sby und Stills wurden
rk verließ die Gruppe,
ard, dem Leader der
Grass Gruppe aus L.A.,
Dillard & Clark zu
s kamen nach ihrem
g in L.A. zum ersten-
x und lösten dort eine
sterie bei den Teens
ıte, die bisher Rock-
hatten, waren plötz-
Gate" zu finden wie
l Alan Ginsberg, denn
ppe, von Pressemann
iert aufgebaut, machte
der man nicht aus-
und schließlich spielte
als erster in der Pop-
Rock wurde ein magi-
ie Beatles ließen sich

Springfield LP wurde
zu schlecht produziert.
aus New York träum-
eamin" und siedelten
ber, die Lovin' Spoon-

sahen. Donovan sang von „Sunshine Superman", es war eine Zeit der sommerlichen kalifornischen Gefühle sozusagen. Es lag was in der Luft.

Mothers Freak Out

Amerikas Musiker hatten zu denken begonnen, das zeigte die erste LP einer Gruppe namens Mothers of Invention, die zwar nicht von allen Radiostationen abgenudelt wurde und nicht die Hitparaden erklomm, aber trotzdem ganz schöne Auswirkungen hatte. Freak Out: ein neues Gefühl der Freiheit, der Kritik und des Spotts, kreiert von Frank Zappa.

Zappa, der eigentlich Schlagzeuger werden wollte, hatte ebenfalls seine erste Gruppe in der Highschoolzeit. Das war 1954 in Lancaster. Sie nannten sich Blackouts. Da der Gitarrist nicht so spielte wie Zappa sich das vorstellte, lernte Zappa mit 18 selbst Gitarre.

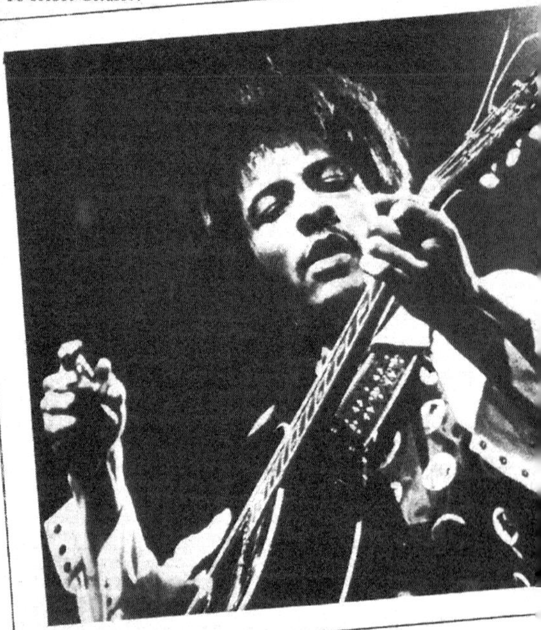

Als er die Blackouts verließ, nannten sie sich in Omens um und es spielten einige Leute der späteren Mothers, sowie Don Vliet, später Captain Beefheart (& Hi s Magic Band), mit.

Die Mothers-Legende beginnt folgendermaßen: Jimmy Carl Black ging in einen Laden, um seine Cymbals zu verkaufen und rannte dort in Roy Estrada. Nach einer kurzen Unterhaltung gründeten sie die Soul Giants, zu denen Ray Collins stieß. Als dieser mit dem Gitarristen Krach bekam, heuerten sie Frank Zappa an, der in Geldnot war und eine Chance

Pomona im „Broadside" a
ten sie sich aus einerLaune
eine frühere Gruppe Zapp
daß am selben Tag Mutt
Zappa für einen absolute
Mothers spielten lange Zeit

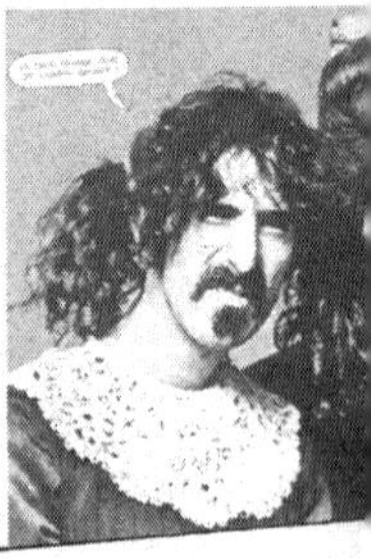

bis Freund und Manage
ihnen einen Gig für eine
gisseurs von „Mondo H
schaffte. Dort sah sie Her
ans „Action" in Hollywo
das sie ein paar Monate
kurzer (!) Haare abgele
waren noch immer zu ku
steckte man sie unter gr
Hüten und trug lila Hem
einen Mafia-Unterhändl
schaffte. Danach spielten
A-Go-Go", das einen bil
Johnny Rivers brauchte.

mer zu kurz, deshalb versteckte man sie unter großen schwarzen Hüten und trug lila Hemden, was ihnen einen Mafia-Unterhändler-Appeal verschaffte. Danach spielten sie im »Whisky a Go Go«, das einen billigen Ersatz für Johnny Rivers brauchte, und dann folgte das »Trip«. Inzwischen hatten sie einen Vertrag mit MGM.

Die Besucher im »Trip« liebten zwei Stücke der Mothers: »Help, I'm A Rock!« und »Memories Of El Monte«, aber beide hatten lange Geräuschpassagen, zu denen man nicht tanzen konnte, und der Clubbesitzer wollte, dass alle Leute tanzen. Eines Abends spielten sie über eine Stunde nur diese beiden Stücke, die Tanzfläche war wie leergefegt und die Mothers flogen raus. Chicken Shack haben 1968 etwas ähnliches in München erlebt.

Während die Mothers sich durchhungerten und ihre erste LP aufnahmen, lag am Strand von Los Angeles ein gewisser James Douglas Morrison und schrieb Songtexte für ein imaginäres Rockkonzert, das er in seinem Kopf hörte. Jim Morrison, der nach 15 Jahren Schulzeit zum ersten Mal tun und lassen konnte, was er wollte, zeigte sie seinem Freund Ray Manzarek, mit dem er die Filmakademie in L.A. besucht hatte. Ray hatte zusammen mit seinen beiden Brüdern, die Gitarre und Mundharmonika spielten, eine Band, Rick & The Ravens, in der John Densmore Schlagzeuger und Patricia Hansen Bassistin war. Jim, der noch nie gesungen und nur als Kind ein paar Klavierstunden gehabt hatte, stieg als Sänger ein und man machte ein paar Demo-Bänder. Columbia zeigte sich interessiert, sie erhielten einen Sechs-Monats-Vertrag, nachdem sich aber kein Produzent fand, stiegen sie wieder aus. John brachte seinen Freund Robby Krieger als Gitarrist in die Gruppe, man formierte sich um, nannte sich The Doors und nach ein paar wilden Auftritten im »Whisky«, aus dem sie kurze Zeit darauf flogen, bot ihnen Elektra einen Plattenvertrag an.

Ein Park, den das Volk geschaffen hat

Zur selben Zeit bekam Bill Graham zum ersten Mal Schwierigkeiten mit der Stadtverwaltung. Wiederholt wurde ihm die Tanzlizenz für das »Fillmore« entzogen und Polizeikontrollen holten die Jugendlichen unter 18 aus dem Club. Die örtlichen Politiker und Eltern begannen eine Hetzkampagne gegen das in einem Schwarzenviertel gelegene Lokal und das Ganze mündete in dubiosen Kontrollen, bei denen sogar die anwesenden Musikgruppen auf der Bühne auf ihr Alter überprüft wurden. In die erste Kontrolle gerieten dummerweise gerade die Mothers, deren Mitglieder im Schnitt 30 Jahre alt waren.

Am 11. September 1966 fand ein geheimes Treffen von CIA, FBI, Vertretern der University of California, einigen der größten Unternehmer des Bundesstaates, Repräsentanten des Verteidigungsministeriums, fünf

Polizeichefs und Geschäftsleuten aus Berkeley statt. Sie beschlossen, die Stadt von den Nicht-Studenten zu säubern. Die alten Häuser in Universitätsnähe, die billige Wohnungen boten, sollten von der Universität aufgekauft und abgerissen werden, stattdessen Studentenheime und Appartementhäuser errichtet werden. Damit wären Nicht-Studenten obdachlos geworden und gezwungen, die Stadt zu verlassen. Die Universität kaufte ein quadratisches Areal in Universitätsnähe auf und riss die alten Häuser ab. Daraufhin brach an der Universität der Streik aus.

Tränengas und die Besetzung der Uni durch die Nationalgarde waren der Erfolg. In Washington geriet man darüber so in Wut, dass die Zuschüsse für die Universität gekürzt wurden, die man für den Bau der Studentenheime benötigte. Somit lag das Grundstück brach, bis einem Berkeley-Freak eine Idee kam, die er mit Flugblättern verbreitete und die von *Barb,* einer Underground-Zeitung Berkeleys aufgegriffen wurde. Ein Volkspark sollte auf dem Gelände entstehen. Man sammelte in den Straßen Geld, Leute trafen ein, die das Gelände rodeten und säuberten, Bäume, Gras und Blumen pflanzten, Kinder kamen jeden Tag zum Spielen, Musik wurde gemacht, Filme gedreht und gezeigt, gemalt, Theater gespielt, gratis Essen ausgegeben, ein Fischteich angelegt. Washington reagierte sauer. Der Park wurde von der Nationalgarde besetzt und mit Stacheldraht eingezäunt, eine Demonstration von Tausenden stürmte mit Steinen und Flaschen das Gelände und die Nationalgarde eröffnete das Feuer auf die Menge. Ein Mann wurde getötet, Hunderte verletzt.

Rolling Stone, Monterey, Westcoast-Sound

In L.A. begann in dieser Zeit eine TV-Serie über eine Rockgruppe, die man The Monkees nannte. Vier Schauspieler, die Beatles-ähnliche Rollen spielten, sahen sich bald vor das Problem gestellt, selbst als Gruppe auf Tournee zu gehen, nachdem ihre TV-Hits wirkliche Hits wurden. Es war eine völlig absurde Geschichte, aber die vier Nicht- oder Halbmusiker bewältigten ihre Rolle für einige Jahre, was ihnen weitere Hits einbrachte.

Die Byrds traten in New York zum ersten Mal mit einer Lightshow auf und ihr Song »Eight Miles High« wurde als Drogensong von den Radiostationen verbannt.

Anfang 1967 verließen die Mothers L.A. für 18 Monate, um in New York Gastspiele zu geben, und ein ehemaliger Berkeley-Student, Jann Wenner, der für *The Daily California* Kolumnen geschrieben hatte, gründete zusammen mit den Rockkritiker Michael Lydon und Ralph J. Gleason die Zeitschrift *Rolling Stone*, die sich im Lauf der Jahre zum wohl wichtigsten Sprachrohr der Rockgeneration entwickeln sollte.

Jefferson Airplane gründeten einen Fanclub, der nicht nur Briefe beantwortete, sondern auch die Kon-

gen, zu denen
und der Club-
Leute tanzen.
er eine Stunde
ie Tanzfläche
Mothers flogen
haben 1968
erlebt.

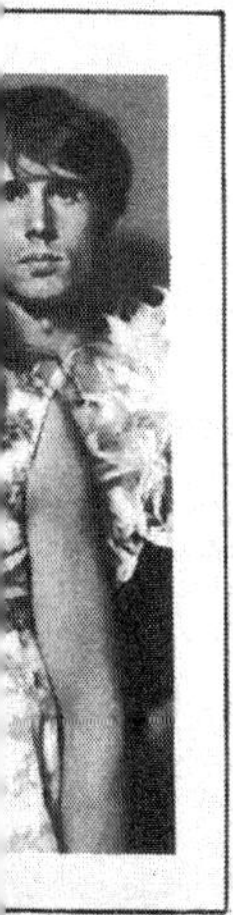

.l.) Frank Zappa,
da, Don Preston,

durchhunger-
ahmen, lag am
gewisser James
rieb Songtexte
zert, das er in
Morrison, der
zum erstenmal
was er wollte,
Ray Manzarek,
emie in L.A.
usammen mit
Gitarre und
ne Band, Rick
ohn Densmore
ihen als Bassist
Plattenvertrag
noch nie ge-
n paar Klavier-
eg als Sänger
ar Demo-Bän-
nteressiert, sie
trag, nachdem
nd, stiegen sie
seinen Freund
in die Gruppe,
nnte sich The
wilden Auf-
dem sie kurze
Elektra einen

as Volk hat

örtlichen Politiker und Eltern begannen eine Hetzkampagne gegen das in einem Negerghetto gelegene Lokal und das Ganze mündete in dubiosen Kontrollen, bei denen sogar die anwesenden Musikgruppen auf der Bühne auf ihr Alter überprüft wurden. In die erste Kontrolle gerieten dummerweise gerade die Mothers, deren Mitglieder im Schnitt 30 Jahre alt waren.

Am 11. September 1966 fand ein geheimes Treffen des CIA, FBI, Vertreter der University of California, einiger der größten Unternehmer des Bundesstaates, Repräsentanten des Verteidigungsministeriums, 5 Polizeichefs und Geschäftsleuten aus Berkeley statt. Sie beschlossen, die Stadt von den *Nichtstudenten* zu säubern. Die alten Häuser in Universitätsnähe, die billige Wohnungen boten, sollten von der Universität aufgekauft und abgerissen werden, stattdessen Studentenheime und Appartementhäuser errichtet werden. Damit wären Nichtstudenten obdachlos geworden und gezwungen, die Stadt zu verlassen. Die Universität kaufte ein quadratisches Areal in Universitätsnähe auf und riß die alten Häuser ab. Daraufhin brach an der Universität der Streik aus.

Tränengas und die Besetzung der Uni durch die Nationalgarde waren der Erfolg in Washington geriet man darüber so in Wut, daß die Zuschüsse für die Universität gekürzt wurden, die man für den Bau der Studentenheime benötigte. Somit lag das Grundstück brach, bis einem Berkeley-Freak eine Idee kam, die er mit Flug-

gegriffen wurde. Ein Volkspark so
dem Gelände entstehen. Man sa
in den Straßen Geld, Leute trafen
das Gelände rodeten und säu
Bäume, Gras und Blumen pfl
Kinder kamen jeden Tag zum
Musik wurde gemacht, Filme gedre
gezeigt, gemalt, Theater gespielt,
Essen ausgegeben, ein Fischteich
legt. Washington reagierte sauer. D
wurde von der Nationalgarde beset
mit Stacheldraht eingezäumt, eine
stration von Tausenden stürmte m
nen und Flaschen das Gelände u
Nationalgarde eröffnete das Feu
die Menge. Ein Mann wurde g
Hunderte verletzt.

Rolling Stone, Monterey, Westcoast-So

In L.A. begann in dieser Ze
TV-Serie über eine Rockgruppe, d
The Monkees nannte. Vier Schau
die Beatles-ähnliche Rollen spielten
sich bald vor das Problem gestellt
als Gruppe auf Tournee zu gehen
dem ihre TV-Hits wirkliche Hits w
Es war eine völlig absurde Gesc
aber die vier Nicht- oder Halbn
bewältigten ihre Rolle für einige
was ihnen weitere Hits einbrachte.

Die Byrds traten in New Yor
erstenmal mit einer Lightshow auf
Song „Eight Miles High" wurde a
gensong von den Radiostationen ve

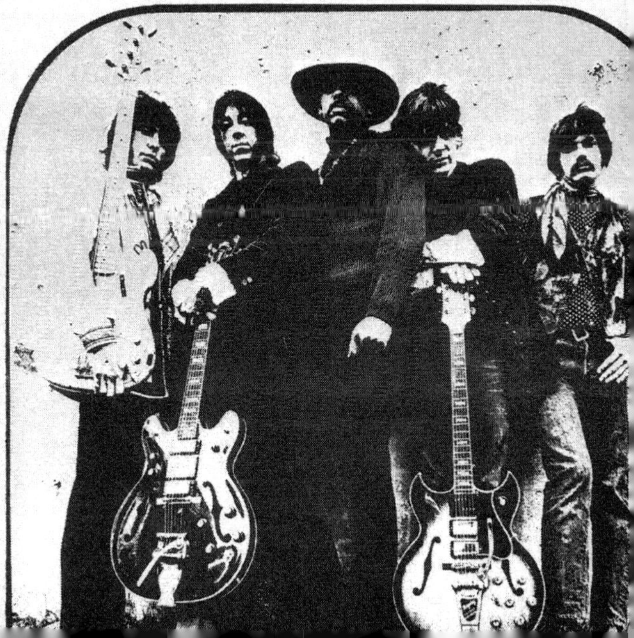

zerte der Gruppe ankündigte. Nachdem das zweite Album »Surrealistic Pillow« erschienen war, gab die Gruppe für die Fanclub-Mitglieder ein kostenloses Konzert im »The Matrix«, wo sie anschließend mit den Jugendlichen über ihre Musik diskutierten. Bill Thompson, Freund und Manager der Gruppe, der zuvor als Werbefachmann gearbeitet hatte, brachte als erster die Idee der Buttons auf und Tausende davon wurden mit dem Slogan »Jefferson Airplane Loves You« kostenlos verteilt, ebenso Stickers und Handzettel. Von Berkeley kam zur selben Zeit der Slogan »Make Love Not War« und »Fuck War«, für den der betreffende Student unter Polizeiarrest gestellt wurde.

Die Doors erregten als eine der wenigen nicht-San-Francisco-Gruppen dort Aufsehen bei ihrem ersten Auftritt, ihre Single »Break On Through (To The Other Side)« erreichte die Hitparaden, und die beiden Alben »The Doors« und »Strange Days« voller zynischer, zweideutiger und symbolischer Songs und dem eigenartigen Orgel-betonten Sound kamen auf den Markt. In San Francisco wurde es gang und gebe, eine Lightshow synchron zu der Musik der Gruppen zu bieten, die man »improvised painting with light« nannte, einige bekannte waren Jerry Abraham's und Glenn McKay's Head Lights, Garden Of Delight, Pacific Gas & Electric.

Im April stürmten etwa 1000 Jugendliche die Musterungskommission von Berkeley, um zu protestieren

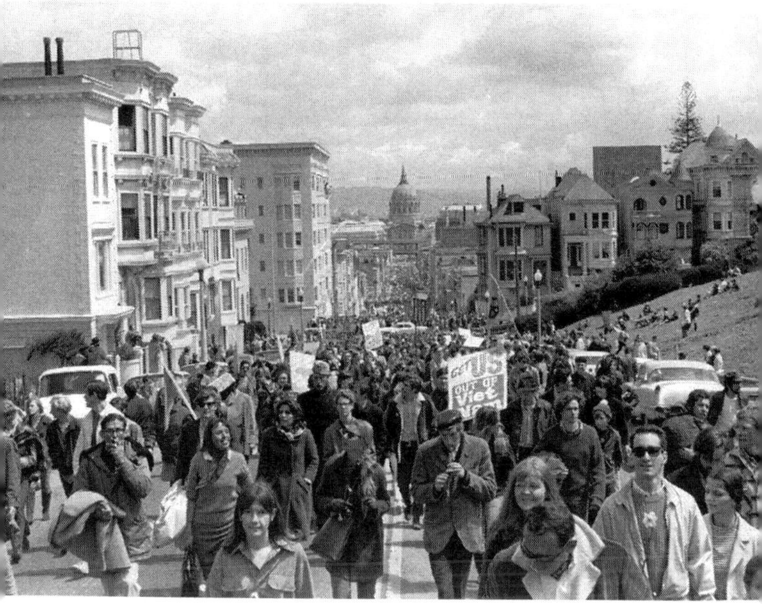

Anti-Vietnamkriegs-Demo am 15. April 1967, Fulton Street, San Francisco

und am 15. April fand in Hollywood eine Versammlung der Friedensbewegung statt, bei der der Generationskonflikt öffentlich ausgesprochen wurde. Nachdem die älteren Mitglieder stundenlang Reden hielten und Country Joe & The Fish bereits nach dem zweiten Song abbrechen mussten, gerieten die Jungen so in Wut, dass sich die Bewegung spaltete. Jack Weinberg sprach den historischen Satz »Traue keinem über 30« und 2000 Jugendliche standen auf den Füßen und jubelten.

In Los Angeles gründete John Phillips zusammen mit dem Musikproduzenten Lou Adler und einigen Musikern ein Komitee zur Durchführung des ersten Monterey Pop Festivals, das im Juni stattfand. Während der drei Tage traten mit die besten San-Francisco-Gruppen auf. Big Brother & Janis Joplin, Jefferson Airplane, Steve Miller Band, Country Joe & The Fish, Quicksilver Messenger Service, Jimi Hendrix, The Who, The Butterfield Blues Band und The Electric Flag, die neue Gruppe von Mike Bloomfield, der Paul Butterfield nach Streitereien mit Elvin Bishop verlassen hatte. In dieser Band, eine der ersten Big-Brass-Gruppen, spielten unter anderem auch Barry Goldberg, Nick Gravenites sowie Buddy Miles.

Monterey wurde für die Westcoast der Tag X. Danach folgte Euphorie und Katerstimmung. Die Grateful Dead, die das bereits frühzeitig erkannten, weigerten sich, den Vertrag für die Filmrechte von Pennebaker zu unterzeichnen und veranstalteten statt-

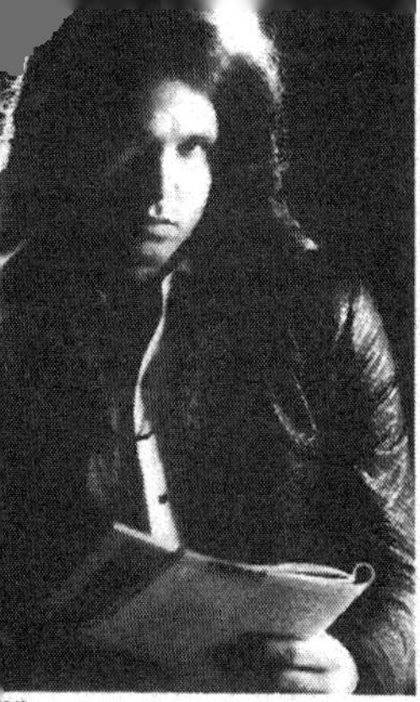

on

67 verließen die Mothers L.A. ate, um in New York Gastspiele und ein ehemaliger Berkeley Jann Wenner, der für „The fornia" Kolumnen geschrieben dete zusammen mit den Rock-Michael Lydon und Ralph J. e Zeitschrift „Rolling Stone", n Lauf der Jahre zum wohl Sprachrohr der Rockgenera-keln sollte.

erson Airplane gründeten einen er nicht nur Briefe beantworte-auch die Konzerte der Gruppe . Nachdem das zweite Album ISTIC PILLOW erschienen war, uppe für die Fan-Club-Mitglie-ostenloses Konzert im „The vo sie anschließend mit den en über ihre Musik diskutier-ompson, Freund und Manager , der zuvor als Werbefachmann hatte, brachte als erster die ttons auf und Tausende davon t dem Slogan „Jefferson Air-You" kostenlos verteilt, eben-und Handzettel. Von Berkeley elben Zeit der Slogan „Make Var" und „Fuck War", für den fende Student unter Polizei-ellt wurde, und Ed Sanders as „Filthy Speech Movement"

rs erregten als eine der weni-San Franzisko Gruppen dort ei ihrem ersten Auftritt, ihre eak On Through" erreichte den, und die beiden Alben THE nd STRANGE DAYS voller weideutiger und symbolischer dem eigenartigen Orgel-beton-kamen auf den Markt. In San wurde es gang und gebe, eine synchron zu der Musik der bieten, die man „improvised th light" nannte, einige be-n Jerry Abraham's und Glenn

lung der *Friedensbewegung* statt, bei der der Generationskonflikt öffentlich ausgesprochen wurde. Nachdem die älteren Mitglieder stundenlang Reden hielten und Country Joe & The Fisch bereits nach dem zweiten Song abbrechen mußten, gerieten die Jungen so in Wut, daß sich die Bewegung spaltete. Jack Weinberg sprach den historischen Satz „Traue keinem über 30" und 2000 Jugendliche standen auf den Füßen und jubelten.

In Los Angeles gründeten John Phillips und Paul Simon zusammen mit dem Musikproduzenten Lou Adler und einigen Musikern ein Komitee zur Durchführung des ersten Monterey Pop Festivals, das im Juni stattfand. Während der drei Tage traten mit die besten San Franzisko Gruppen auf. Big Brother & Janis Joplin, Jefferson Airplane, Steve Miller Band, Country Joe & The Fish, Quicksilver Messenger Service, Jimi Hendrix, The Who, The Butterfield Blues Band und The Electric Flag, die neue Gruppe von Mike Bloomfield, der Paul Butterfield nach Streitereien mit Elvin Bishop verlassen hatte. In dieser Band, eine der ersten Big Brass Gruppen, spielten unter anderem auch Barry Goldwater, Nick Gravenites sowie Buddy Miles.

Monterey wurde für die Westcoast der Tag X. Danach folgte Euphorie und Katerstimmung. Die Grateful Dead, die das bereits frühzeitig erkannten, weigerten sich, den Vertrag für die Filmrechte von Pennebaker zu unterzeichnen und veranstalteten stattdessen ein Gratiskonzert in einem bei Monterey gelegenen

Country Joe And The Fish

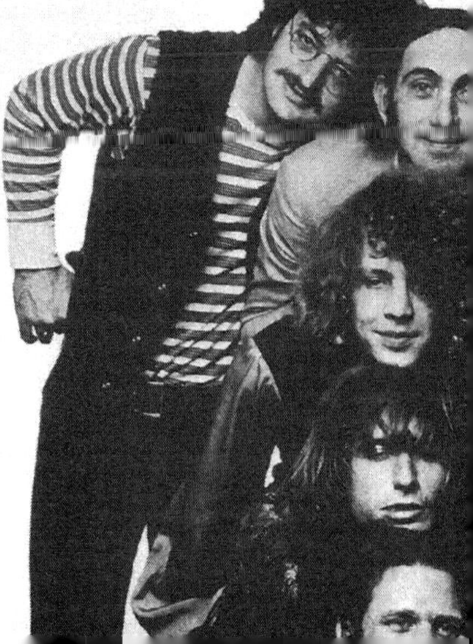

auf Westcoastgru horrende Summe bekam auf einmal war, ohne daß Film- und Fernse ständig im Fillm Haight-Ashbury-D lockte Touristen verkauf hatte beg

Gleichzeitig üb einer der beliebt kleine FS Radio und machte aus ih radio station" de nur die jüngsten tete auch auf da gramm, brachte s LPs der Westcoast views und eine unveröffentlichte einfache Tonbän brachten und ver Country Joe & T sogar vor ihrer pressung an. Er Rocksymposium, Berkeley veransta und den anwese Jefferson Airpla Spector etc. über KMPX schaffte Radiostation, ein verhelfen, und z Song „Let's Get darauf schafften zwei Jahren verge einem ähnlichen L ein Comeback.

dessen ein Gratiskonzert in einem bei Monterey gelegenen Gelände. Die Plattenfirmen stürzten sich auf Westcoast-Gruppen und boten ihnen horrende Summen an, die ganze Welt bekam auf einmal mit, dass da was passiert war, ohne dass man es bemerkt hatte. Film- und Fernsehteams hingen von da an ständig im »Fillmore«, »Avalon« und dem Haight-Ashbury-District, das Hippiemekka lockte Touristen in Scharen an, der Ausverkauf hatte begonnen.

Gleichzeitig übernahm Tom Donahue, einer der beliebtesten Discjockeys, die kleine FM Radiostation KMPX in San Francisco und machte aus ihr die erste »underground radio station« der Welt. Er hatte nicht nur die jüngsten Mitarbeiter, er verzichtete auch auf das übliche Top-40-Programm, brachte stattdessen die neuesten LPs der Westcoast-Gruppen, brachte Interviews und eine News-Show. Er brachte unveröffentlichte Aufnahmen, sendete einfache Tonbänder, die ihm Gruppen brachten und vermittelte Plattenverträge. Country Joe & The Fish fertigten für ihn sogar vor ihrer ersten LP eine Privatpressung an. Er diskutierte bei einem Rocksymposium, das die Universität von Berkeley veranstaltete, mit Professoren und den anwesenden Mitgliedern der Jefferson Airplane, Bill Graham, Phil Spector etc. über das neue Medium Rock. KMPX schaffte es als erste Frisco-Radiostation, einer Single zum Hit zu verhelfen und zwar dem Youngblood-Song »Let's Get Together«. Kurze Zeit darauf schafften auch die Turtles nach zwei Jahren vergeblichen Versuchens mit einem ähnlichen Lied, »Happy Together«, ein Comeback.

Es erschien das zweite Album der Love, mit viel Orchesterarrangement und einem Stück, das mit einer Länge von 18 Min. 57 Sek. eine ganze LP-Seite füllte, sowie die zweite von Buffalo Springfield, die erfolgreicher war als die erste, aber dennoch nicht den großen Durchbruch brachte.

Die Nationalgarde in den Straßen und die Krise überall

Ein weiteres Festival fand im Golden Gate Park statt, das in dem bei uns leider kaum bekannten Film »Revolution« zu sehen ist. Steve Miller, Quicksilver und die aus Texas stammende Bluesgruppe Mother Earth schrieben die Filmmusik und sind auch zu sehen. Capitol machte daraufhin beiden Gruppen ein Plattenangebot. Steve Miller, der kurz zuvor mit Chuck Berry eine LP gemacht hatte, erhielt das traumhafte Angebot mit 50.000 Dollar Vorschuss, 10.000 Dollar jährlichen Bonus und der freien Wahl des Plattenstudios auf der ganzen Welt.

Die erste LP von Country Joe & The Fish erschien und Moby Grape, eine neue Gruppe, deren Leadgitarrist der ehemalige Airplane-Schlagzeuger Skip Spence war, wurde von der Plattenfirma mit einer LP und fünf Singles gleichzeitig ins Gespräch gebracht.

Nach der Monterey-Euphorie kam der Katzenjammer. Das »Fillmore« bekam ernsthaften Ärger mit der Stadtverwaltung, Jerry Rubin arbeitete an einem Plan, das Pentagon in Washington zu besetzen und in den Straßen San Franciscos patrouillierten Soldaten der Nationalgarde mit geladenen Gewehren. Bill Graham verlegte eine Veranstaltung vom »Winterland«, einem riesigen Sportpalast, ins »Fillmore«, um zu beweisen, dass seine Leute mit den Unruhen nichts zu tun hatten. Es spielten Muddy Waters, Jefferson Airplane und Butterfield Blues Band, es gab kostenlos Äpfel, eine Geste, die Graham Besuchern gegenüber beibehalten hat, Luftballons und Lutscher und keine Krawalle.

In Europa war die Flower-Power-Bewegung im Rollen. »If you're going to San Francisco be sure to wear some flowers in your hair«, die Botschaft Scott McKenzies war der Werbeslogan, um Ketten, Glöckchen, Ringe, indischen Firlefanz, Räucherstäbchen und die Lieder Donovans zu verkaufen. Ich machte meinen ersten London-Besuch, sah Pink Floyd und geriet in Demonstrationen für den Piratensender Radio Caroline und die Bee Gees, die Teenager-Idole, die man zurück nach Australien schicken wollte, weil die Arbeitsgenehmigung abgelaufen war.

Paul Jones Film »Privilege«, die erste Rockoper, kam in die Kinos, in München spielten The Who, der deutsche Jungfilm wurde durch »Mädchen, Mädchen« und »Mahlzeiten« bereichert, in den Hitparaden schwirrten die Rolling Stones mit »Let's Spend The Night Together«. Die Beatles setzten den Meilenstein der Rockmusik mit »Sgt. Pepper«, dem ersten zusammenhängenden Rockalbum, das allen anderen Gruppen neue Impulse verlieh, die Beach Boys überraschten mit einem neuen Sound, »Pet Sounds«, und dem Hit »Good Vibrations«, Brian Wilson hatte sich ganz von der Bühne zurückgezogen, um komponieren und produzieren zu können und Bob Dylan wurde durch einen Motorradunfall für einige Zeit aus dem Verkehr gezogen.

Die Byrds waren in Personalschwierigkeiten, Mike Clarke ging, er hatte ebenfalls einen Motorradunfall, dann David Crosby, der schon längere Zeit mit Roger und Chris Krach hatte.

Im Oktober wurde in Berkeley bei einer Schießerei zwischen Polizei und Black Panthers ein Polizist erschossen, ein weiterer verletzt und der ebenfalls angeschossene Panther-Führer Huey Newton bis zu 15 Jahren Gefängnis verurteilt.

Topseller

Im Frühjahr 1968 gehören Alben der Gruppen Quicksilver Messenger Service, Moby Grape, Steve Miller Band (in London aufgenommen), Country Joe & The Fish, Blue Cheer und Creedence Clearwater Revival zu den Topsellern der Billboard Charts. Canned

Heat hatten sich neu formiert und durch den plötzlichen Blues-Boom, der durch den Erfolg der Cream in England und Amerika ausgelöst wurde, mit »On The Road Again« einen dicken Hit.

Im Februar veranstaltete das »Avalon« eine Benefizveranstaltung für Family Dog, die finanzielle Schwierigkeiten hatten.

Die gesamte Mannschaft von Radio KMPX sowie KPPC in Pasadena trat in Streik, um höhere Löhne, bessere Arbeitsbedingungen und mehr künstlerische Freiheit zu erzwingen. Das war im April. Der Streik dauerte Wochen. Die Discjockeys gründeten eine unabhängige Gewerkschaft, kündigten den Streik durch ein musikalisches Horoskop an, picknickten in den Straßen und schliefen in Wohnwagen auf dem Gebiet der Radiostation. Sie veranstalteten spätnachts Konzerte, bei einem spielte z. B. Traffic, und lebten von dem Geld, das der Beatles-Film »Magical Mystery Tour« einspielte. Bill Graham stellte sein »Winterland« kostenlos für ein Benefizkonzert zur Verfügung, das finanziell und musikalisch ein großer Erfolg wurde. Es spielten Grateful Dead, Moby Grape und Buddy Miles Express. Die Streikenden konnten so lange ausharren, bis sie geschlossen zu der größeren Radiostation KSAN gehen konnten.

Im selben Monat hatte John Phillips Ärger mit der Verwaltung von Monterey, wo er ein zweites Festival veranstalten wollte. Nach endlosen Diskussionen wurde es abgelehnt.

ganze LP-Seite
ite von Buffalo
icher war als die
icht den großen

rde in den
rise überall

fand im Golden
lem bei uns leider
,,Revolution" zu
Quicksilver und
nde Bluesgruppe
die Filmmusik
. Capitol machte
pen ein Platten-
r kurz zuvor mit
gemacht hatte,
e Angebot mit
, 10.000 Dollar
r freien Wahl des
nzen Welt.
untry Joe & The
oby Grape, eine
lgitarrist der ehe-
uger Skip Spence
enfirma mit einer
ichzeitig ins Ge-

uphorie kam der
illmore bekam
der Stadtverwal-
eitete an einem
Washington zu
raßen San Fran-
daten der Natio-
Gewehren. Bill
eranstaltung vom
igen Sportpalast,
weisen, daß seine
nichts zu tun
y Waters, Jeffer-
ield Blues Band,
eine Geste, die
über beibehalten
tscher und keine

ver Power Bewe-
ou Go To San
In Your Hair",
Kenzies war der
en, Glöckchen,
z, Räucherstäb-
onovans zu ver-
ersten London-
loyd und geriet
en Piratensender
Bee Gees, die
n zurück nach
e, weil die Ar-
fen war.
ilege", die erste
nos, in München
utsche Jungfilm

len, die Beach Boys überraschten mit einem neuen Sound PET SOUNDS und dem Hit ,,Good Vibrations", Brian Wilson hatte sich ganz von der Bühne zurückgezogen um komponieren und produzieren zu können und Bob Dylan wurde durch einen Motorradunfall für einige Zeit aus dem Verkehr gezogen.

Die Byrds waren in Personalschwierigkeiten, Mike Clarke ging, er hatte ebenfalls einen Motorradunfall, dann David Crosby, der schon längere Zeit mit Roger und Chris Krach hatte.

Im Oktober wurde in Berkeley bei einer Schießerei zwischen Polizei und Black Panthers ein Polizist erschossen, ein weiterer verletzt und der ebenfalls angeschossene Panther Führer Huey Newton bis zu 15 Jahren Gefängnis verurteilt. Dieser Tag ging als *Willow Tag* in die Geschichte der politischen Radikalen in Amerika ein.

Topseller

Im Frühjahr 68 gehören Alben der Gruppen Quicksilver, Moby Grape, Steve Miller Blues Band (in London aufgenommen), Country Joe & The Fish, Blue Cheer und Creedence Clearwater Revival zu den Topsellern der Billboard Chart. Canned Heat hatten sich neu formiert und durch den plötzlichen Bluesboom, der durch den Erfolg der Cream in England und Amerika ausgelöst wurde, mit ,,On The Road Again" einen dicken Hit.

Im Feburar veranstaltete das Avalon eine Benefit-Veranstaltung für ,,Family Dog", die finanzielle Schwierigkeiten hatten.

Die gesamte Mannschaft von Radio KMPX sowie KPPC in Pasadena trat in Streik um höhere Löhne, bessere Arbeitsbedingungen und mehr künstlerische Freiheit zu erzwingen. Das war im April. Der Streik dauerte Wochen. Die Discjockeys gründeten eine unabhängige Gewerkschaft, kündigten den Streik durch ein musikalisches Horoskop an, picknickten in den Straßen und schliefen in Wohnwagen auf dem Gebiet der Radiostation. Sie veranstalteten spätnachts Konzerte, bei einem spielte z.B. Traffic, und lebten von dem Geld, das der Beatles Film ,,Magical Mystery Tour" einspielte. Bill Graham stellte sein ,,Winterland" kostenlos für ein Benefit-Konzert zur Verfügung, das finanziell und musikalisch ein großer Erfolg wurde. Es spielten Grateful Dead, Moby Grape und Buddy Miles Express. Die Streikenden konnten so lange ausharren, bis sie geschlossen zu der größeren Radiostation KSAN gehen konnten.

Im selben Monat hatte John Phillips Ärger mit der Verwaltung von Monterey, wo er ein zweites Monterey-Festival veranstalten wollte. Nach endlosen Diskussio-

Fish waren in einer Titelstory
vertreten. Skip Spence wu
krank und verließ Moby Grap
im selben Jahr ein Doppel-Alb
JAM, auf dem u.a. Mike Bloo
spielte, veröffentlichten.

Die Dead zogen für den S
Land und die Quicksilver wa
ersten, die als Land-Zigeune
einen Bauernhof mieteten u
Freunden dort niederließen. I
übernahmen sie auch zusamm
ferson Airplane und einige
Gruppen eine alte Tanzh
Carousel" in der Market
Übungs- und Veranstaltungsra

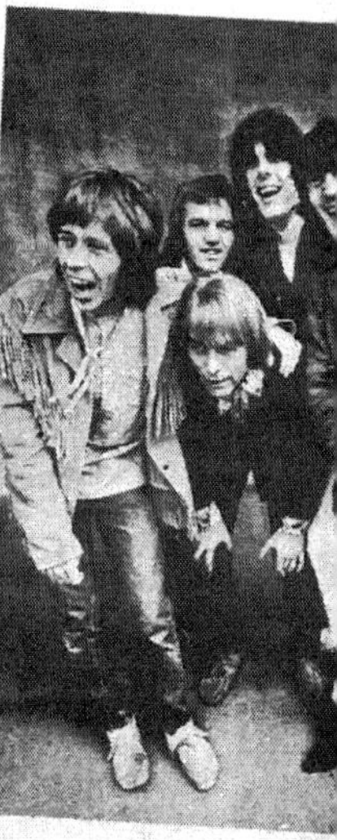

Moby Grape

Als der Polizeidruck und
schwierigkeiten zu viel wur
sie das Gebäude an Bill Graham
umbaute und dort sein neue
West eröffnete. Er baute eine
halle für die Angestellten ein,
staltete neben Rockkonzerten
terlesungen, Jazzkonzerte und
Diskussionen. Bob Dylan
Comeback mit JOHN WESL
DING, und eine Menge ne
entstanden: Blue Cheer, eine
Band, die die Techniken der
Jimi Hendrix einfach aber la
zierte, H.P. Lovecraft, eine se
nisch orientierte Gruppe aus K
Band, Bob Dylans Begleitgru
falls aus Kanada. Creedence
war nach fast 10 Jahren endli
Hit ,,Suzie Q" ganz oben. D
Springfield brachen nach ihrer
auseinander, die Turtles nach

Steve Miller verlor nach seinem zweiten Album Boz Scaggs, der eine eigene Gruppe gründete. Love besetzten um und die Byrds wurden mit Clarence White und Gene Parsons wieder vier, und arbeiteten in Nashville an einer neuen LP. Jefferson Airplane und Country Joe & The Fish waren in einer Titelstory der *Life* vertreten. Skip Spence wurde schwer krank und verließ Moby Grape, die noch im selben Jahr ein Doppel-Album, »Grape Jam«, auf dem u. a. Mike Bloomfield mitspielte, veröffentlichten.

Die Dead zogen für den Sommer aufs Land und die Quicksilver waren eine der Ersten, die als Landkommune einen Bauernhof mieteten und sich mit Freunden dort niederließen. In dieser Zeit übernahmen sie auch zusammen mit Jefferson Airplane und einigen anderen Gruppen eine alte Tanzhalle, »The Carousel«, in der Market Street als Übungs- und Veranstaltungsraum. Als der Polizeidruck und die Finanzschwierigkeiten zu viel wurden, traten sie das Gebäude an Bill Graham ab, der es umbaute und dort sein neues »Fillmore West« eröffnete. Er baute eine Basketballhalle für die Angestellten ein und veranstaltete neben Rockkonzerten auch Dichterlesungen, Jazzkonzerte und politische Diskussionen. Bob Dylan gelang ein Comeback mit »John Wesley Harding«, und eine Menge neuer Bands entstanden: Blue Cheer, eine Hard-Rock-Band, die die Techniken der Cream und Jimi Hendrix einfach aber laut reproduzierte, H.P. Lovecraft, eine sehr elektronisch orientierte Gruppe aus Chicago und The

Band, Bob Dylans Begleitgruppe aus Kanada. Creedence Clearwater Revival war nach fast zehn Jahren endlich mit dem Hit »Suzie Q« ganz oben. Buffalo Springfield brachen nach ihrer dritten LP auseinander, die Turtles nach ein paar weiteren Hits ebenfalls und zwei der bedeutendsten Westcoast-Gruppen, Jefferson Airplane und The Doors, verließen die USA für ihre erste Europatournee.

Die Zeit der Festivals

Der vierte Teil unseres »leicht verklärten« Westcoastberichts beginnt mit den ersten Europatourneen der Doors und Jefferson Airplane und endet in Woodstock, dem Anfang vom Ende des »Love and Peace«-Traums.

> One pill makes you larger/ And one pill makes you small/ And the one that mother gives you/ Don't do anything at all/ Go ask Alice/ When she's ten feet tall
>
> »White Rabbit« (Jefferson Airplane)

Wie von einer magischen Kraft angezogen, folge ich dieser stechenden, eindringlichen und vielversprechenden Stimme von Grace Slick durch feuchte Wiesen und Morast und mit mir Hunderte von Gleichaltrigen und -gesinnten auf Gedeih und Verderb in bunten Hippiekleidern, durchnässt, frierend, oft zu mehreren unter einem Regenschirm Schutz suchend, aber mit lächelnden Gesichtern, erwartungsvoll, was wohl diese schneidende, klare Mädchenstimme hinter den nassgeregneten Hügeln alles bringen mag. Schließlich stoße ich auf ein für das Open Air Concert durch Holzpflöcke begrenztes Gelände, wo bereits ein Meer von Fans mit Regenschirmen und Fotoapparaten um

Der Westcoast-Mythos

Die Zeit der Festivals

Der vierte Teil unseres „leicht verklärten" Westcoastberichts beginnt mit den ersten Europatourneen der Doors und Jefferson Airplane und endet in Woodstock, dem Anfang vom Ende des „Love Ande Peace" Traums.

von Ingeborg Schober

ll makes you larger and one pill ou small and the one that mother u don't do anything at all go ask en she's ten feet tall"

White Rabbit /Jefferson Airplane

on einer magischen Kraft angezo- e ich dieser stechenden, eindring- und vielversprechenden Stim- Grace Slick durch feuchte Wiesen rast, und mit mir Hunderte von

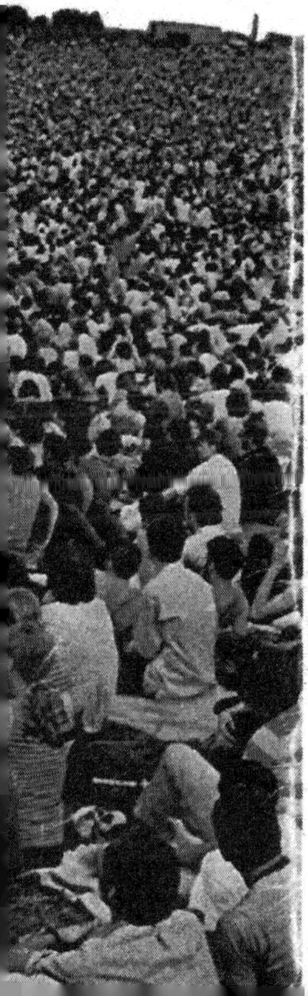

Gleichaltrigen und -gesinnten auf Gedeih und Verderb, in bunten Hippiekleidern, durchnäßt, frierend, oft zu mehreren unter einem Regenschirm Schutz suchend, aber mit lächelnden Gesichtern, erwartungsvoll was wohl diese schneidende, klare Mädchenstimme hinter den naßgeregneten Hügeln alles bringen mag. Schließlich stoße i auf ein für das Open Air Concert durch Holzpflöcke begrenztes Gelände, wo bereits ein Meer von Fans mit Regenschirmen und Fotoapparaten um die provisorisch-aufgebaute Bühne kreisen, aber dort ist es leer – die Musik stammt von einem Tonband.

Jefferson Airplane in Europa

Es ist Anfang September 1968, London, Parliament Hill Fields, und ich warte auf Jefferson Airplane aus San Franzisco, die auf ihrer ersten Europatournee in Stockholm, Copenhagen, Hamburg, Frankfurt und London Konzerte geben.

„. . . and if you go chasing rabbits and you know you're going to fall tell 'em a hookah-smoking caterpillar has given you the call call alice, when she was just small"

White Rabbit/Jefferson Airplane

Auf der Bühne steht ein Mann inmitten eines Kabel- und Projektorenbergs, völlig versunken in seine Arbeit, bis ich ihn mit meiner Frage nach der Gruppe störe. Später erfahre ich, daß es Glenn McKay, einer der berühmtesten Lightshowspezialisten und der Leiter der Head Lights war, der mit seinem tonnenschweren Equipment Jefferson Airplane begleitet. Die Türen des weißen Transitbus, zu dem er mich schickt, sind alle geschlossen, nur aus der hintersten hängen eine Anzahl bestiefelter Beine und es weht süßlicher Rauch heraus. Gerade als ich meinen Kopf hineinstecke und jemand (ich glaube, es war Paul Kantner) mich gleichzeitig mit einem Joint und einer Frage konfrontiert, nämlich „Regnet es immer noch? Warum regnet es in diesem Scheiß-England eigentlich immer?"

auf mich zu. Marty I viewen will, ist auch nicht begeistert, ihn views zu verlassen.

Doch die Vorstellu fee im Restaurant ir gefügig, richtig freun ben Probleme: ein ständige Regen, eine Presse u. Musikern, da mütlichkeit des Ra schnell zusammen ur ein fast freundschaftl tieft. Marty sitzt da Fernseher, rührt in sei kanischer ist ja schon aber dieser hier! Na ja das ist wie ein Kaffe erste Rendezvous mit ein Interview mit *Sta* abliefen (und heute r relaxt, gemütlich, das ich meinen ganzen F vergeß und mich von im Gespräch mitreiße hat mich damals am m glaub ich, mehr als a dieser Band.

Ein Ges mit Mart

„Entschuldigung, waren, aber der Stre unsere erste Tournee kas, eigentlich haben forniens nie so was au Und wir sind das nic und Grenzen und d lächelt zu Mr. Greenv ob er diese Klagen sc hört hat.

Was hat sie dann z wogen?

„Neugierde, ich m San Franzisco und da ben wir, und unsere P ganzen Welt verkauft dort kennen wir gar n uns noch nie gesehe doch mehr eine Live-C die provisorisch aufgebaute Bühne kreist, aber dort ist es leer – die Musik stammt von einem Tonband.

Jefferson Airplane in Europa

Es ist Anfang September 1968, London, Parliament Hill Fields, und ich warte auf Jefferson Airplane aus San Francisco, die auf ihrer ersten Europatournee in Stockholm, Kopenhagen, Hamburg, Frankfurt und London Konzerte geben.

> And if you go chasing rabbits/ And you know you 're bound to fall/ Well tell 'em a hookah-smoking caterpillar/ Has given you the call/ Call Alice/ When she was just small
>
> »White Rabbit« (Jefferson Airplane)

Auf der Bühne steht ein Mann inmitten eines Kabel- und Projektorenbergs, völlig versunken in seine Arbeit, bis ich ihn mit meiner Frage nach der Gruppe störe. Später erfahre ich, dass es Glenn McKay, einer der berühmtesten Lightshowspezialisten und der Leiter der Head Lights war, der mit seinem tonnenschweren Equipment Jefferson Airplane begleitet. Die Türen des weißen Transitbusses, zu dem er mich schickt, sind alle geschlossen, nur aus der hintersten hängen eine Anzahl bestiefelter Beine und es weht süßlicher Rauch heraus. Gerade als ich meinen Kopf hineinstecke und jemand (ich glaube, es war Paul Kantner) mich gleichzeitig mit einem Joint und einer Frage konfrontiert, nämlich »Regnet es immer noch? Warum regnet es in diesem Scheiß-England eigentlich immer?«, kommt Mr. Greenwood, der englische Promoter der Tournee mit Regenschirm auf mich zu. Marty Balin, den ich interviewen will, ist auch im Bus, aber gar nicht begeistert, ihn wegen eines Interviews zu verlassen.

Doch die Vorstellung von heißem Kaffee im Restaurant irgendwo macht ihn gefügig, richtig freundlich sogar. Dieselben Probleme: ein fremdes Land, der ständige Regen, eine Menge Trouble mit Presse und Musikern, dazu die Wärme und Gemütlichkeit des Raumes bringt uns schnell zusammen und bald sind wir in ein fast freundschaftliches Gespräch vertieft. Marty sitzt da wie zuhause vorm Fernseher, rührt in seinem Kaffee, »amerikanischer ist ja schon schrecklich genug – aber dieser hier! Na ja, aber er ist warm«, das ist wie ein Kaffeeplausch oder das erste Rendezvous mit einem Freund, für ein Interview mit Stars, wie sie damals abliefen (und heute noch) so untypisch, relaxt, gemütlich, das verblüfft mich, dass ich meinen ganzen Fragebogen einfach vergesse und mich von seiner Spontaneität im Gespräch mitreißen lasse – und das hat mich damals am meisten beeindruckt, glaub ich, mehr als alles andere Neue an dieser Band.

Ein Gespräch mit Marty Balin

»Entschuldigung, dass wir so ruppig waren, aber der Stress, der Regen, es ist unsere erste Tournee außerhalb Amerikas, eigentlich haben wir außerhalb Kaliforniens nie so was auf die Beine gestellt. Und wir sind das nicht gewohnt, Hotels und Grenzen und die Kälte hier«, er lächelt zu Mr. Greenwood, der nickt, als ob er diese Klagen schon hundertmal gehört hat.

Was hat sie dann zu der Tournee bewogen?

Neugierde, ich meine, wir sitzen in San Francisco und da passierte alles, glauben wir, und unsere Platten werden in der ganzen Welt verkauft – doch die Leute dort kennen wir gar nicht, und die haben uns noch nie gesehen – dabei sind wir doch mehr eine Live-Gruppe.

Wie sind dann die Erfahrungen in Europa, haben sie Vorstellungen bestätigt?

Ja und nein, das ist sehr komisch hier, einerseits haben wir erwartet, dass es irgendwie genauso wie bei uns ist, andererseits haben wir auch erwartet, dass gar nichts ist – ich meine, so wie vor fünf oder sechs Jahren – die Beatles, die sind ja aus England und die haben uns ja alle mächtig auf den Musiktrip gebracht. England, da haben wir uns schon sehr viel erwartet, aber die übrigen Länder, da kennt man ja vielleicht nur jemand, der einen mal in Amerika besucht und davon erzählt hat,

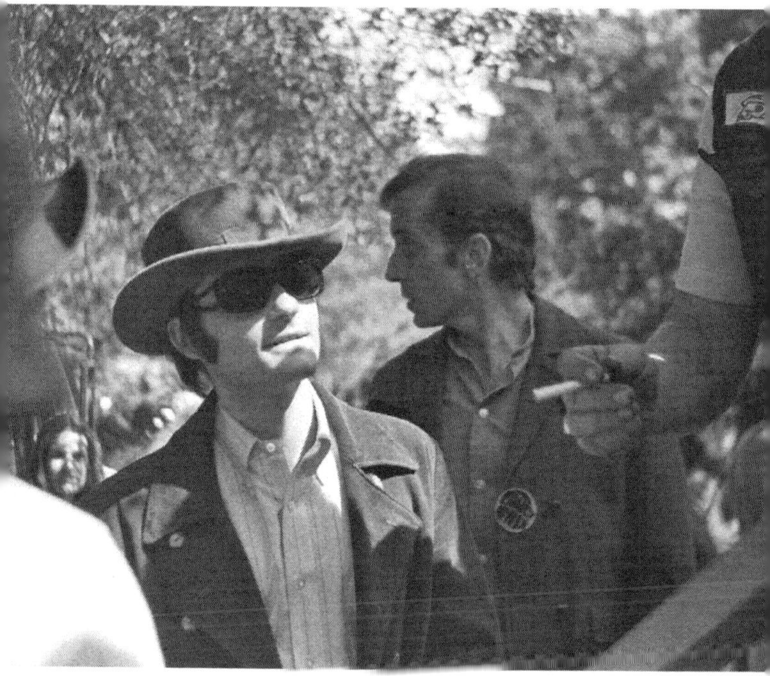

Marty Balin backstage, KFRC Fantasy Fair and Mountain Music Festival, 10. Juni 1967

es ist alles so grundverschieden, jedes Land, jede Stadt … man wird jeden Tag mit etwas Neuem konfrontiert, man kann sich gar nicht auf sein Publikum einstellen, das ist verdammt hart, das bringt diesen unerwarteten Stress. Aber es ist auch wieder gut, weil wir so viel gelernt haben, Erfahrungen machten, jede Menge Einflüsse, Gespräche und Kontakte hatten.

Was haben sie neben ihren Konzerten gemacht, in ihrer Freizeit?

Da war nicht viel Freizeit, aber wenn, dann unbedingt raus, alles sehen, erleben, Leute kennenlernen, reden, stundenlang, wir haben gemerkt, da sitzen überall Leute, die denken wie wir, die haben ähnliche oder sogar dieselben Probleme, wie wir beide zum Beispiel, und das sind alles unsere Freunde, für die wir Musik machen, das ändert natürlich das Bewusstsein, wenn wir in Zukunft Lieder schreiben und LPs aufnehmen, da werden wir plötzlich ganz anders denken, weil wir so viele sind. Unendlich viele.

Was hält er vom Publikum hier, was sind die Unterschiede zu Amerika?

Die Spontaneität, die Freude. Bei uns in Kalifornien haben alle schon so viel gehört, gesehen, erlebt, die sitzen nur noch da, völlig bekifft, abgefahren, auf ihrem eigenen Trip und den halten sie für den allgemeinen, hier sind die Leute so richtig dankbar für jedes Lied, jede Erklärung.

Das hängt natürlich auch damit zusammen, dass englische Gruppen selten so offen mit ihrem Publikum kommunizieren, lieber die Stars spielen.

Ja, das ist komisch, das habe ich gar nicht erwartet, und das macht uns richtig zu einer Underground-Band, wie die Leute hier sagen.

Wir sprechen von San Francisco.

Ich habe bemerkt, dass die Leute hier gar keine Informationen haben, nur ein paar Platten und recht wirre Vorstellungen von Drogen, Freak Out usw. Aber wir in San Francisco versuchen wirklich die Welt zu ändern, und dazu müssen wir uns selbst erst einmal ändern, Drogen, die sind dazu, glaub' ich, nötig – mehr aber noch Musik. Ich glaube fest daran, dass wir mit unserer Musik die Welt verändern werden, alle, die uns einmal gehört haben, können das nicht so einfach vergessen, ablegen in eine Schublade im Gehirn, die Musik bringt uns zusammen, macht stark, es ist eine neue Kommunikationsform, die verstehen die Alten nicht mehr, die können sie uns auch nicht nehmen (»They Can't Take Away Our Music«, Eric Burdon) – und die ganzen Organisationen, Initiativen sind bei uns nur durch Musik entstanden und mit ihr groß geworden.

Wie kam er, Marty, dazu Musik zu machen und was ist für ihn Musik?

Es war der einzige offene Weg, den ich sah, ein unbeschriebenes Blatt, eine Chance. Musik, da kann man chts ist – ich meine, so wie vor 5 oder 6 hren – die Beatles, die sind ja aus England und die haben uns ja alle mächtig auf n Musiktrip gebracht. England, da han wir uns schon sehr viel erwartet, aber e übrigen Länder, da kennt man ja vielicht nur jemand, der einen mal in Ameka besucht und davon erzählt hat, es ist les so grundverschieden, jedes Land, je Stadt ... man wird jeden Tag mit etas Neuem konfrontiert, man kann sich ır nicht auf sein Publikum einstellen, as ist verdammt hart, das bringt diesen nerwarteten Streß. Aber es ist auch wieer gut, weil wir so viel gelernt haben, rfahrungen machten, jede Menge Einüsse, Gespräche und Kontakte hatten."

Was haben sie neben ihren Konzerten emacht, in ihrer Freizeit?

„Da war nicht viel Freizeit, aber wenn, ınn unbedingt raus, alles sehen, erleben, eute kennenlernen, reden, stundenlang, ir haben gemerkt, da sitzen überall Leu-, die denken wie wir, die haben ähnliche der sogar dieselben Probleme, wie wir eide z. B., und das sind alles unsere

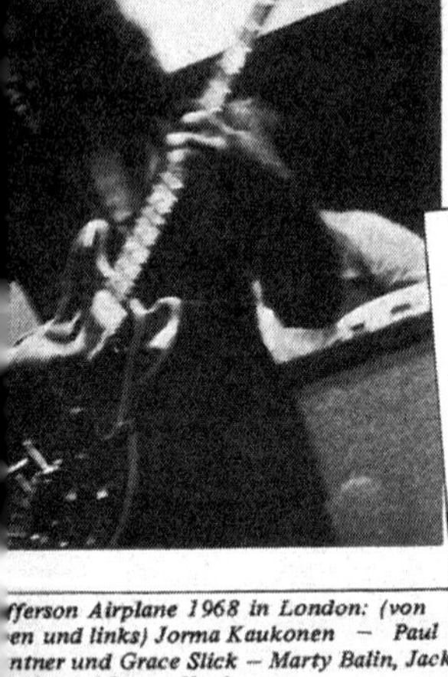

fferson Airplane 1968 in London: (von en und links) Jorma Kaukonen – Paul ntner und Grace Slick – Marty Balin, Jack ady und Jorma Kaukonen

reunde, für die wir Musik machen, das ndert natürlich das Bewußtsein, wenn ir in Zukunft Lieder schreiben und LP's ufnehmen, da werden wir plötzlich ganz nders denken, weil wir so viele sind. nendlich viele."

Was hält er vom Publikum hier, was nd die Unterschiede zu Amerika?

„Die Spontanität, die Freude. Bei uns Kalifornien haben alle schon so viel ehört, gesehen, erlebt, die sitzen nur och da, völlig bekifft, abgefahren, auf rem eigenen Trip, und den halten sie für en allgemeinen, hier sind die Leute so

und das macht uns richtig zu einer *Underground Band*, wie die Leute hier sagen."

Wir sprechen von San Franzisco.

„Ich habe bemerkt, daß die Leute hier gar keine Informationen haben, nur ein paar Platten und recht wirre Vorstellungen von Drogen, Freak Out usw. Aber wir in San Franzisco versuchen wirklich die Welt zu ändern, und dazu müssen wir uns selbst erst einmal ändern, Drogen, die sind dazu glaub' ich nötig – mehr aber noch Musik. Ich glaube fest daran, daß wir mit unserer Musik die Welt verändern werden, alle, die uns einmal gehört haben, können das nicht so einfach vergessen, ablegen in eine Schublade im Gehirn, die Musik bringt uns zusammen, macht stark, es ist eine neue Kommunikationsform, die verstehen die Alten nicht mehr, die können sie uns auch nicht nehmen („They can't take away our music" Eric Burdon) – und die ganzen Organisationen, Initiativen sind bei uns nur durch Musik entstanden und mit ihr groß geworden."

Wie kam er, Marty, dazu Musik zu machen und was ist für ihn Musik?

„Es war der einzige offene Weg, den ich sah, ein unbeschriebenes Blatt, eine Chance. Musik, da kann man alles ausdrücken, vor vielen Leuten in ganz kurzer Zeit – die Schallplatte ist ein Medium, das haben wir ja jetzt auf dieser Tournee erkannt, das ist so international, wie kein Fernsehprogramm, keine Zeitung, kein Buch. Musik ist für mich ein Mittel der Veränderung."

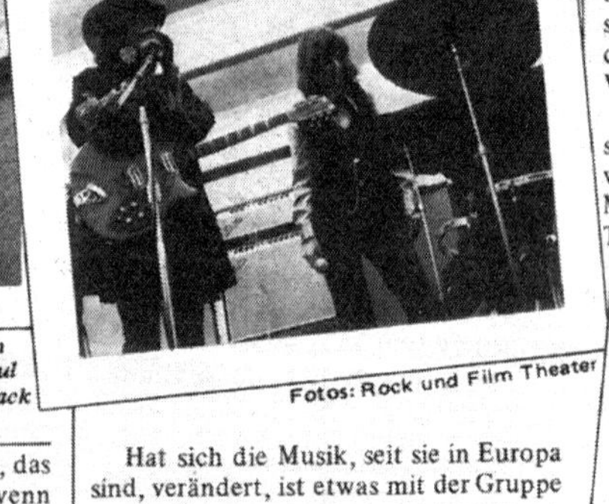

Fotos: Rock und Film Theater

Hat sich die Musik, seit sie in Europa sind, verändert, ist etwas mit der Gruppe passiert?

„Oh ja, die ändert sich ständig, wir sind Menschen, und unsere Musik ist von unserer Stimmung abhängig, von den Vibrations in der Gruppe, von denen, die vom Publikum kommen, unsere Musik ist davon abhängig, wie die Sterne stehen, günstig oder ungünstig, und von der Luft, unsere Lieder klingen ganz anders wenn die Sonne scheint oder wenn es wie hier ständig regnet. Auch das ist eine neue Erfahrung – wir hoffen, daß wir heute

some kind o
moving slo
know ..."
Wh

Die Mus
Luft, dring
gentropfen
weiten Hüg
Echo von G
wie die An
land. Der Bo
Baßspiel Ja
sanfter Ges
kristallnen
Paul Kantn
Spencer Dr
Wildwesthu
schen den
und bringt
den Toncol

Die Um
Raum wer
gängen auf
man damal
völlig selbs
wirbeln mi
den glitsch
Haarsträhn
rücken unt
men, fange
singen – u
Zuschauern
wippender
der Abend
die Jeffers
mer ankün

Die Talf
und die Ge
sehr unters
cher Seite
Vermarkte
Lizenze
sind imme
wenn, nur
Musiker un
Theatre" i

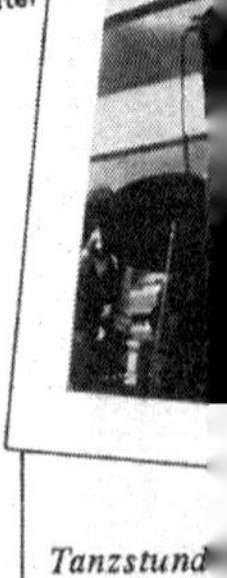

Tanzstund
klarieren,
tionieren

alles ausdrücken, vor vielen Leuten in ganz kurzer Zeit – die Schallplatte ist ein Medium, das haben wir ja jetzt auf dieser Tournee erkannt, das ist so international, wie kein Fernsehprogramm, keine Zeitung, kein Buch, Musik ist für mich ein Mittel der Veränderung.

Hat sich die Musik, seit sie in Europa sind, verändert, ist etwas mit der Gruppe passiert?

Oh ja, die ändert sich ständig, wir sind Menschen und unsere Musik ist von unserer Stimmung abhängig, von den Vibrations in der Gruppe, von denen, die vom Publikum kommen, unsere Musik ist davon abhängig, wie die Sterne stehen, günstig oder ungünstig, und von der Luft, unsere Lieder klingen ganz anders, wenn die Sonne scheint oder wenn es wie hier ständig regnet. Auch das ist eine neue Erfahrung – wir hoffen, dass wir heute diese neue Stimmung, den Regen ins Positive umsetzen können, wie bei einer chemischen Reaktion, wir spielen eben am liebsten im Freien.

> When men on the chessboard/ Get up and tell you where to go/ And you've just had some kind of mushroom/ And your mind is moving low/ Go ask Alice/ I think she'll know
>
> »White Rabbit« (Jefferson Airplane)

Die Musik strömt durch die feuchte Luft, dringt in jeden der Milliarden Regentropfen und verbreitet sich über die weiten Hügel, von fern ist ein leichtes Echo von Grace Slicks Stimme zu hören, wie die Antwort von Alice im Wunderland. Der Boden vibriert unter dem satten Bassspiel Jack Casadys, und Marty Balins sanfter Gesang legt sich wie Watte auf die kristallnen Gitarrenimprovisationen von Paul Kantner und Jorma Kaukonen, und Spencer Dryden, der Space Cowboy mit Wildwesthut und -stiefeln wirbelt zwischen den Tonkaskaden, macht Aufruhr und bringt Rhythmik in die zerfließenden Toncollagen.

Die Umwelt ist vergessen, Zeit und Raum werden überbrückt von Spaziergängen auf der Gitarre, *Idiotdancers*, wie man damals Leute, die ohne Partner und völlig selbstversunken tanzten, nannte, wirbeln mit ihren nassen Kleidern über den glitschigen Rasen, die tropfenden Haarsträhnen im Gesicht, die Leute rücken unter den Regenschirmen zusammen, fangen an mitzuklatschen, mitzusingen – und allmählich wird aus der Zuschauermasse ein wogendes Meer wippender Regenschirme. Es ist bereits der Abend da, es wird schon dunkel, als Jefferson Airplane ihre letzte Nummer ankündigen: »Somebody To Love«.

Chicago

Die Talfahrt nach Monterey dauert an und die Geschäfte in San Francisco gehen sehr unterschiedlich, je nachdem auf welcher Seite man sich befindet – auf der Vermarkter- oder der Idealistenseite.

Lizenzen für Tanzveranstaltungen sind immer schwieriger loszueisen und wenn, nur mit Tricks. Ein paar findige Musiker und Manager rufen das »Straight Theatre« ins Leben, verschaffen sich für Tanzstunden, wie sie ihre Konzerte deklarieren, eine Genehmigung und funktionieren damit ein ehemaliges Kino in halb Theater, halb Tanzhalle um. Im Dauerprogramm läuft außerdem »Magical Mystery Tour« von den Beatles. Creedence Clearwater Revival unternehmen zum ersten Mal unter diesem Namen eine ausgedehnte Tournee an der Westküste und bei ihrer Rückkehr nach Frisco unterzeichnen sie, mit zahlreichen neuen und alten Rocksongs in der Tasche, ihren Vertrag bei Fantasy. Damit starten sie die nicht abreißende Erfolgskette von Countryrock-Hits, die unheimlich in die Beine gehen.

Country Joe & The Fish und Jefferson Airplane halten Einzug in das renommierte *Life*-Magazin und Jim Morrison erscheint am 2. Januar 68 vor Gericht wegen des berühmten Vorfalls in New Haven, wo er am 9. Dezember 67 während eines Konzerts der Doors verhaftet und abgeführt und dann gegen 1500 Dollar Kaution wieder freigelassen wurde.

Folgendes war passiert: Morrison wurde von einem Polizisten in einem Garderobenraum vor dem Konzert mit einem Mädchen aufgespürt und aufgefordert zu verschwinden. Morrison gab dem Polizisten denselben Tipp, es entstand ein Streit und der Polizist sprühte in den Raum Tränengas, um die beiden rauszujagen. Bei seinem Auftritt änderte Jim den Text von »Back Door Man« und berichtete dem Publikum den Vorfall, und wurde daraufhin abgeführt, der Popheld wurde das Opfer der Justiz und die Fans erlebten es live. Die Doors waren gemacht.

> Yeah, I'm a back door man/ I'm a back door man/ The men don't know/ But the little girls understand
> »Back Door Man« (Willie Dixon, C. Burnett/ Doors)

Die Stones bringen »Their Satanic Majesties Request« auf den Markt, mit dem ersten 3D-Cover, Hendrix' Plattencover für »Electric Ladyland« mit 40 nackten Mädchen erregt die Plattenhändler und die Öffentlichkeit und die ersten Gerüchte um Jean-Luc Godards Film »One Plus One« mit den Rolling Stones und »Performance« mit Mick Jagger gehen um.

Jefferson Airplane erhalten ihre erste Goldene LP für »Surrealistic Pillow«, während CBS das Doppelalbum der Great Society mit »nur ein wenig Verspätung« auf den Markt wirft.

Die Apple-Boutique der Beatles schließt in London ihre Pforten und verschenkt die Kleider an Passanten.

Am 3. August 1968 machen die Doors abermals Schlagzeilen, als bei einem Konzert in Long Islands Flushing Meadow Corona Park mehr als 200 Fans die Bühne plötzlich stürmen und die Anlage demolieren, während die Doors das Weite suchen. Drei Leute wurden bei diesem Zwischenfall verletzt.

Beim Newport Pop Festival am 3./4. August treten Tiny Tim, Jefferson Airplane, Country Joe & The Fish, Grateful Dead, The Chambers Brothers, Quicksilver Messenger Service, The Byrds, Alice Cooper, Steppenwolf, Sonny & Cher, Canned Heat, The Electric Flag, Butterfield Blues Band, Eric Burdon, Blue Cheer, Iron Butterfly und Illinois Speed Press vor 40.000 Leuten auf. Das erste Album der Band Big Pink erscheint, Gram Parsons weigert sich, in Südafrika zu spielen und verlässt die Byrds und Eric Burdon & The Animals schwelgen auf ihrem neuen Album »The Twain Shall Meet« nochmals in Monterey-Erinnerungen.

Open The Doors

Während Isle of Wight, Newport und andere Festivals laufen, schicken die Yippies mit ihren weisen Sprüchen gut 3000 Jugendliche (500.000 hatte Jerry Rubin erwartet) in die Schlacht von Chicago. Als großes Yippie-Festival während des Parteitags der Demokraten geplant, endet es als blutige Auseinandersetzung zwischen den Jugendlichen und der Polizei. Außer dem Folksänger Phil Ochs und den MC5 ist keine Musikgruppe erschienen. Es gibt einen Toten und unzählige Verletzte.

edence Clearwater unternehmen zum
tenmal unter diesem Namen eine aus-
ehnte Tournee an der Westküste und
ihrer Rückkehr nach Frisco unter-
chnen sie, mit zahlreichen neuen und
n Rocksongs in der Tasche, ihren Ver-
g bei Fantasy. Damit starten sie die
ht abreißende Erfolgskette von Coun-
rockhits, die unheimlich in die Beine
en.

Country Joe McDonald & The Fish
d Jefferson Airplane halten Einzug in
renommierte Life-Magazin und Jim
rrison erscheint am 2. Januar 68 vor
richt wegen des berühmten Vorfalls in
w Haven, wo er am 9. Dezember 67
hrend eines Konzerts der Doors ver-
tet und abgeführt und dann gegen
00 Dollar Kaution wieder freigelassen
rde.

Folgendes war passiert: Morrison
rde von einem Polizisten in einem Gar-
obenraum vor dem Konzert mit einem
dchen aufgespürt und aufgefordert zu
schwinden. Morrison gab dem Polizi-
n denselben Tip, es entstand ein Streit
d der Polizist sprühte in den Raum
inengas, um die beiden rauszujagen.
seinem Auftritt änderte Jim den Text
n „Back Door Man" und berichtete
n Publikum den Vorfall, und wurde
raufhin abgeführt, der Popheld wurde
s Opfer der Justiz und die Fans erleb-
es live. Die Doors waren gemacht.

h yeah I'm A Back Door Man
yeah I'm a back door man
ll the men don't know
at the little girls understand"

Back Door Man/Willie Dixon,
C. Burnett/Doors

Die Stones bringen THEIR SATANIC
AJESTY'S REQUEST auf den Markt,
t dem ersten 3D-Cover, Hendrix' Plat-
cover für ELECTRIC LADYLAND
t 40 nackten Mädchen erregt die Plat-
händler und die Öffentlichkeit und
ersten Gerüchte um Godards Film
ne Plus One" mit den Rolling Stones
d „Performance" mit Mick Jagger ge-
n um.

Die Jefferson Airplane erhalten ihre
te Goldene LP für SURREALISTIC
LLOW, während CBS das Doppel-
um der Great Society mit „nur ein
nig Verspätung" auf den Markt wirft.

Die Apple-Boutique der Beatles
ließt in London ihre Pforten und ver-
enkt die Kleider an Passanten.

Am 3. August 68 machen die Doors
ermals Schlagzeilen, als bei einem Kon-
t in Long Islands Flushing Meadow-
rona Park mehr als 200 Fans die Bühne
ötzlich stürmen und die Anlage demo-
en, während die Doors das Weite su-
en. 3 Leute wurden bei diesem Zwi-
enfall verletzt.

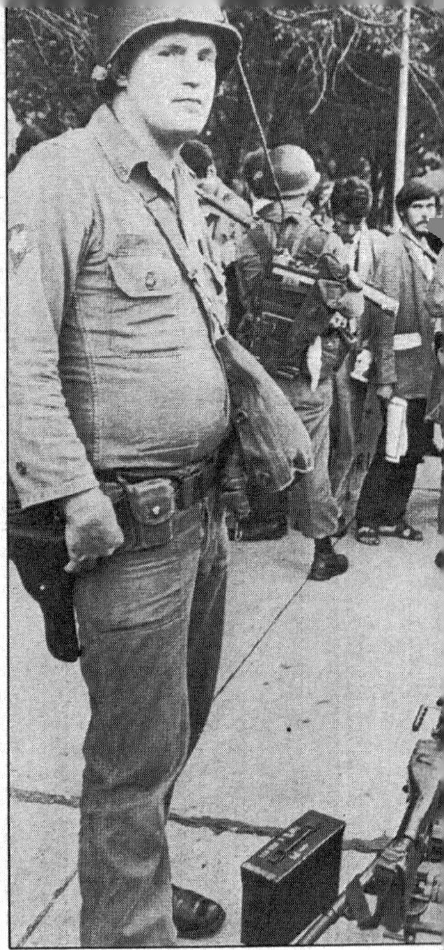

Straßenszene in Chicago im August 1

Heat, Electric Flag, Butterfield Blues Band, Eric Burdon, Blue Cheer, Iron Butterfly, Illinois Speed Press vor 40 000 Leuten auf. Das erste Album der Band BIG PINK erscheint, Gram Parsons weigert sich, in Südafrika zu spielen und verläßt die Byrds und Eric Burdon & Animals schwelgen auf ihrem neuen Album THE TWAIN SHALL MEET nochmals in Monterey-Erinnerungen.

Open The Doors

Während Isle of Wight, Newport u. a. Festivals laufen, schicken die Yippies mit ihren weisen Sprüchen gut 3000 Jugendliche (500 000 hatte Jerry Rubin erwartet) in die Schlacht von Chicago. Als großes Yippie-Festival während des Parteitags der Demokraten geplant, endet es als blutige Auseinandersetzung zwischen

in a land th
how can su

In Lon
der Comic
„Roundh
Middle Ea
und Jeffer
geschäftige
Privaträum
stehen we
der mal re
zu sagen.
Slick: „F
Geräusch,
Zug vorbe
das ist M
fach", ein
ist alles na
Dann d

»Won't you please come to Chicago just to sing/ In a land that's known as freedom/ How can such a thing be fair?« (»Chicago«, Graham Nash)

In London läuft »Yellow Submarine«, der Comic Film mit Beatles-Liedern. Im »Roundhouse«, Chalk Farm, veranstaltet Middle Earth zwei Konzerte mit den Doors und Jefferson Airplane. Hinter der Bühne geschäftiges Treiben. Die Türen zu den Privaträumen der Jefferson Airplane stehen weit offen, einladend für jeden, der mal reinschauen will, um guten Tag zu sagen. Ein kurzes Gespräch, Grace Slick: »Für mich ist alles Musik, jedes Geräusch, gestern Abend habe ich einen Zug vorbeifahren hören, dieses Rattern, das ist Musik, Rhythmus, es ist so einfach«, ein Joint, ein Witz, eine Geste, hier ist alles natürlich, einfach, ungezwungen.

Dann den langen Gang entlang, einige Türen weiter, ein Wachposten vor einer verschlossenen Tür, demonstrativ mit dem zweideutigen Schild »Doors« versehen, eine Mauer, kein Zutritt, Morrison hat sich verkrochen, vergrault vom englischen BBC-Fernsehteam, dass es sich in den Kopf gesetzt hat, dem Star von der Minute des Betretens des britischen Festlands an bis zum Verlassen desselben, an die Fußspuren zu heften und alles auf Film festzuhalten. (Das dürfte wohl der längste Dokumentarstreifen über die Doors sein, leider habe ich ihn nie gesehen.)

Die Show der Doors beginnt mit einer Filmprojektion der Schrift »The Celebration Of The Lizard«. Dann gehen die Lichter an. Jim Morrison brüllt ins

Mikrofon: »Turn out the lights«, nichts passiert und er wiederholt wütend, dann, im verdunkelten Saal, springt er, die schwarzbelederte Gestalt, im Licht des winzigen Scheinwerferkegels hoch, Orgel, Gitarre und Schlagzeug setzen ein, bauen eine lange Rhythmuspassage auf, steigern allmählich bis Jim seine Stimme erhebt, das Mikrofon traktiert, es schlägt, wirft, wirbelt; er schreit, animalisch, brüllt verletzt, flüstert, fleht, klagt. Der Lichtkegel wandert mit ihm und der dicke BBC-Kameramann schiebt seine Kamera besessen auf den Schienen vor sich her, um ihn nicht zu verlieren. Und schon scheint es Morrison Spaß zu machen, den Mann völlig zu verwirren, mit unerwarteten Sprüngen, nach links, nach rechts, nach vorne, nach hinten, »so schnell kriegst du mich nicht«, hält ihm das Mikrofon hin, dann den Hintern, brüllt ihn an, das Publikum kreischt, Mädchen stürmen die Barrikaden, werden von Polizisten einfach zurückgeschmissen, bis Morrison selbst, behende wie eine Katze, in den schmalen Pressegang vor der Bühne springt, nach den verlangenden, ausgestreckten Armen greift, sie berührt, Gesichter streichelt, das Mikrofon den verblüfften Teenies hinhält, die völlig außer sich hineinkreischen.

Ein paar Zahlen

Das kommende Sex-Symbol, das Amerika seit James Dean und Marlon Brando so sehr vermisste, der Mann des Jahres, zieht die Mädchen in einen magischen Bann, hat sein skeptisches Publikum mit Bosheit, Arroganz, Brutalität und Verachtung in Minutenschnelle gewonnen. »Yeah, I'm a back door man/ I'm a back door man/ The men don't know/ But the little girl understand«.

Er ist so cool und gleichzeitig so heiß wie keiner, der Rock singt in diesen Tagen und das merken sie, wir, alle, jeder. Das »Roundhouse« scheint aus den Nähten zu platzen, eine körperlich-spürbare Aggressivität schwemmt durch den Saal, als »The Unknown Soldier« über die Bühne geht. Morrison, längst außer Atem, völlig erschöpft, will immer noch zeigen, dass er Übermenschliches mit der linken Hand erledigt, holt das Letzte aus sich raus, tanzt wie eine Furie über die Bühne und sinkt dann unter dem Gewehrhagel des Schlagzeugs hinter dem Mikrofon zu Boden. Da ist für einige Sekunden dieser Nervenkitzel – ist es nun Show oder ist er am Ende tatsächlich ...? – und während die Gruppe den Effekt genießt, und das Publikum herzklopfend bangt, springt Jim mit letzter Kraft hoch, reißt noch einmal das Mikrofon an die Lippen und brüllt, wie ein angeschossenes Wild: »It's all over, baby!« Das Licht verlöscht.

Der Wirtschaftswert der Stadt San Francisco ist bis Ende 1968 durch die Rockmusikindustrie um sechs Millionen Dollar angestiegen, laut Michael Phillips von der Bank of California. Bis zum Frühjahr 1969 sind allein 60 Alben von Westcoast-Gruppen im nationalen Vertrieb im Umlauf. Die Plattenfirmen stellen fest, n festzuhalten. (Das dürfte wohl der ;ste Dokumentarstreifen über die ›rs sein, leider habe ich ihn nie gese-).

Die Show der Doors beginnt mit einer nprojektion der Schrift „The Celebra- Of The Lizard". Dann gehen die nter an. Jim Morrison brüllt ins Mikro- : „Turn out the lights", nichts passiert er wiederholt wütend, dann, im ver- ıkelten Saal springt er, die schwarz- ederte Gestalt im Licht des winzigen einwerferkegels hoch, Orgel, Gitarre Schlagzeug setzen ein, bauen eine ge Rhythmuspassage auf, steigern all- ılich, bis Jim seine Stimme erhebt, das rofon traktiert, es schlägt, wirft, wir- ; er schreit, animalisch, brüllt verletzt, tert, fleht, klagt. Der Lichtkegel wan- mit ihm und so der dicke BBC-Kame- ıann, schiebt seine Kamera besessen den Schienen vor sich her, um ihn ıt zu verlieren. Und schon scheint es rrison Spaß zu machen, den Mann ig zu verwirren, mit unerwarteten üngen, nach links, nach rechts, nach ne, nach hinten „so schnell kriegst du h nicht", hält ihm das Mikrofon hin, n den Hintern, brüllt ihn an, das Publi- n kreischt, Mädchen stürmen die Bar- ıden, werden von Polizisten einfach ückgeschmissen, bis Morrison selbst, ende wie eine Katze in den schmalen ssegang vor der Bühne springt, nach verlangenden, ausgestreckten Armen ift, sie berührt, Gesichter streichelt, Mikrofon den verblüfften Teenies ıält, die völlig außer sich hineinkrei- en.

Ein paar Zahlen

Das kommende Sex-Symbol, das erika seit James Dean und Marlon ndo so sehr vermißte, der Mann des ıres, zieht die Mädchen in einen magi- en Bann, hat sein skeptisches Publi- n mit Bosheit, Arroganz, Brutalität l Verachtung in Minutenschnelle ge- nnen.

h yeah I'm the back door man
yeah I'm the back door man
ll the men don't know
at the little girls understand"

Er ist so cool und gleichzeitig so heiß keiner, der Rock singt in diesen Ta- , und das merken sie, wir, alle, jeder. s Roundhouse scheint aus den Nähten platzen, eine körperlich-spürbare ressivität schwemmt durch den Saal, „The Unknown Soldier" über die ıne geht. Morrison, längst außer Atem, lig erschöpft, will immer noch zeigen, er Übermenschliches mit der linken nd erledigt, holt das Letzte aus sich s, tanzt wie eine Furie über die Bühne l sinkt dann unter dem Gewehrhagel Schlagzeugs hinter dem Mikrofon zu

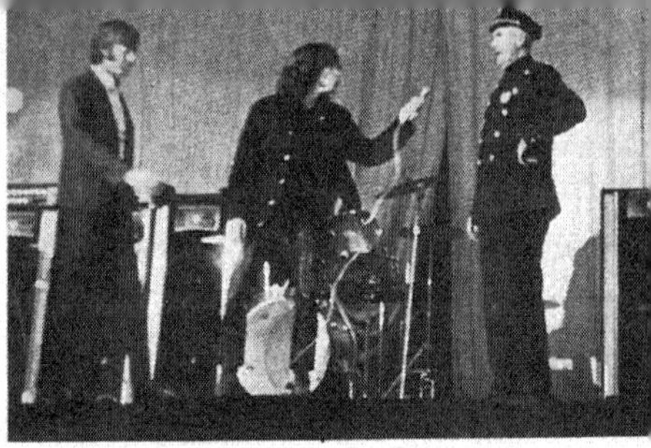

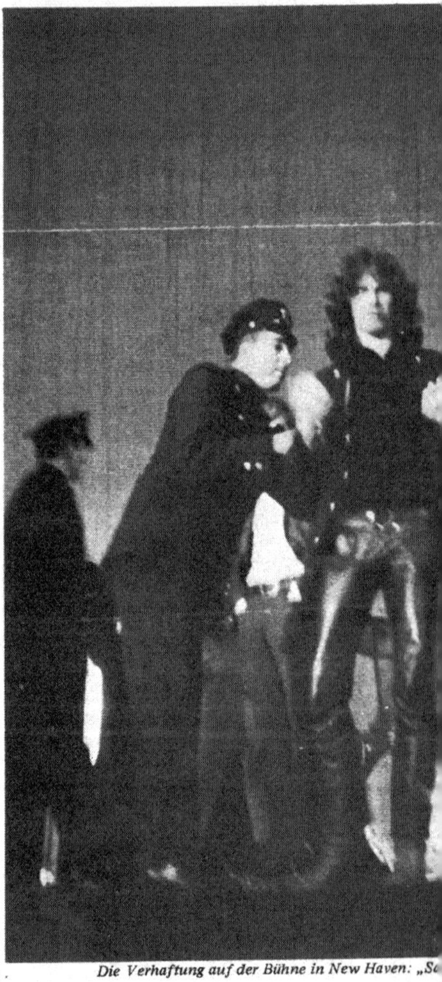

Die Verhaftung auf der Bühne in New Haven: „Sc

rend die Gruppe den Effekt genießt, und das Publikum herzklopfend bangt, springt Jim mit letzter Kraft hoch, reißt noch einmal das Mikrofon an die Lippen und brüllt, wie ein angeschossenes Wild:

Rockmusi lar angest der Bank 1969 sind gruppen i

dass die besten Westcoast-Gruppen von ihrer ersten LP im Schnitt von 50.000 Stück aufwärts allein in der Bay Area von San Francisco verkauften. Das macht das Produzieren solcher Gruppen sinnvoll. Ahmet Ertegün, Präsident der Atlantic Records sagte: »Etwa 15 von den 19 zuerst produzierten Westcoast-LPs machten die Bestsellerlisten«. Große Plattenfirmen, die bis dahin nur in New York residierten und vielleicht in L.A. eine Niederlassung hatten, richteten Büros in Frisco ein und bis Frühjahr 1969 waren acht große Tonstudios entstanden.

Atlantic brachte Stephen Stills, Graham Bond und David Crosby für ihre Plattenaufnahmen in die Stadt, gleichzeitig produzierten dort die Jefferson Airplane ihr 6. Album »Volunteers«, während die Grateful Dead an der dritten LP »Aoxomoxoa« im selben Studio (Wally Heider) arbeiteten.

Die Woodstock-Generation

I came upon a child of God/ He was walking along the road/ And I asked him, »Where are you going?«/ And this he told me/ »I'm going on down to Yasgur's farm/ I'm gonna join in a rock'n'roll band/ I'm gonna camp out on the land/ I'm gonna try an' get my soul free«/ We are stardust/ We are golden/ And we've got to get ourselves back to the garden

»Woodstock« (Joni Mitchell)

Family Dog mussten trotz der Benefizveranstaltungen das »Avalon« Ende 1968 abtreten. Gene Clarke und Doug Dillard veröffentlichen ihr gemeinsames Album »The Fantastic Expedition Of Dillard & Clark«, Quicksilver wollten sich ganz umbesetzen oder auseinandergehen.

Captain Beefheart veröffentlicht seine zweite LP »Strictly Personal«, noch immer sehr traditionell-bluesy, aber doch für diese Zeit sehr schön ausgefallen und neu. Bill Graham startet seine Millard Agentur für Musikgruppen und die beiden Fillmore-Label East und West, von Atlantic und Columbia im Vertrieb. Er produziert die Gruppen Lamb, It's A Beautiful Day, Cold Blood, Aum und Santana, die mit ihrer ersten LP bereits ein Wahnsinnsgeschäft machen. Ihr Percussionsound und Santanas Gitarrenstil wird tonangebend für die kommenden Jahre und beeinflusst enorm die kommerzielle Rockmusik.

Janis Joplin und Jefferson Airplane übernehmen »Geary Temple«, eine alte riesige Halle zum Üben, während andere Gruppen im Freien, in der offenen Landschaft von Marin County, genannt Hangar, mit Wohnwagen und Bussen kampieren, um dort ihre Übungssessions abzuhalten. Für Touristen mit Fotoapparaten das gefundene Fressen.

Die Soulmusik bekommt durch Sly & The Family Stone und den Chambers Brothers, zwei schwarze Gruppen, die auch weiße Musiker als Mitglieder haben, plötzlich *psychedelic* Impulse. Janis Joplin spielt in

räsident der Atlantic
twa 15 von den 19 zu-
Westcoast-LPs machten
n". Große Plattenfir-
nur in New York resi-
cht in L. A. eine Nie-
richteten Büros in Fris-
ühjahr 1969 waren 8
ntstanden.
e Stephen Stills, Gra-
David Crosby für ihre
in die Stadt, gleichzei-
lort die Jefferson Air-
um VOLUNTEERS,
ful Dead an der dritten
A im selben Studio
iteten.

oodstock-
ration

n a child of god
ng the road
ell me where are

n to Yasgur's farm
a rock'n roll band
he land set my

e are golden-

ow we are golden
et ourselves back

tchell/Woodstock

og" mußten trotz der
ngen das „Avalon"
en. Gene Clarke und
fentlichen ihr gemein-
FANTASTIC EXPE-
LLARD & CLARK,
sich ganz umbesetzen
hen.
art veröffentlicht seine
CTLY PERSONAL,
raditionel-bluesy, aber
sein schon ausgefallen
m startet seine Millard
gruppen und die bei-
el East und West, von
mbia im Vertrieb. Er
uppen Lamb, It's A
ld Blood, Aum und
hrer ersten LP bereits
häft machen. Ihr Per-
Santanas Gitarrenstil
für die kommenden
ßt enorm die kommer-

d die Jefferson Air-
Geary Temple, eine
zum Üben, während
Freien, in der offenen
arin County, genannt
nwagen und Bussen
t ihre Übungssessions

Janis Joplin spielt in der Royal Albert Hall in London und ist sauer, weil sie die Titelseite der „Newsweek" für General Eisenhower, der nach 14 Schlaganfällen das Zeitliche segnete, räumen muß und meint: „Warum muß er ausgerechnet in meiner Woche sterben, in meiner Woche."

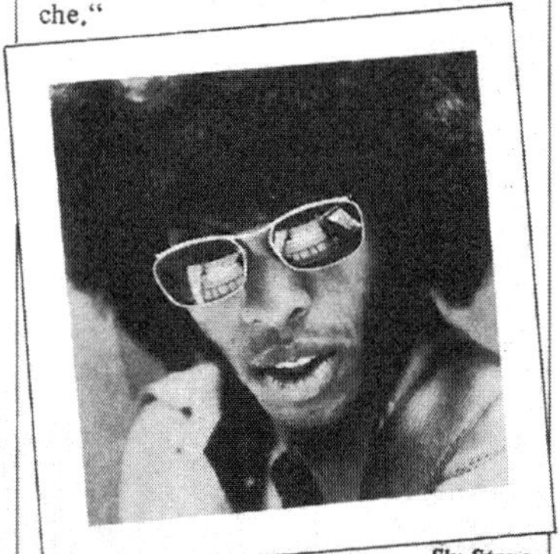

Sly Stone
– gab dem Soul neue Impulse

In Miami gibt es wieder mal Ärger mit den Doors. Jim Morrison zeigt seinen Penis und wird wegen Betrunkenheit, unsittlichem Verhalten in der Öffentlichkeit etc. abgeschoben und später zu 5000 Dollar Strafe verurteilt. Mit seinem Verhalten löst er eine Protestversammlung der Bürger Miamis gegen die Dekadenz der Jugend aus, Miami wird von Gruppen gemieden wie die Pest und die Doors verlieren ihre ganzen Engagements und ziehen sich mehr oder minder freiwillig bis Mitte des Jahres aus der Öffentlichkeit zurück.

Gram Parsons glaubt „in diesem Jahr wird Jesus die Top Ten machen" und hat gar nicht so unrecht, Sir Douglas Quintett hat ein Comeback mit „Mendocino", so richtig fröhlich und zum Tanzen, die Love formiert sich vollkommen neu und Frank Zappa, den ewigen Ärger mit den Plattenfirmen über, gründet sein Label Bizzare (Just what the world needs – another record-company) produziert die GTO's, Wild Man Fisher und Captain Beefheart, später kommt dann noch das Label Straight dazu mit Tim Buckley, Alice Cooper etc.

„Atlantis will rise
Sunset Boulevard will fall
where the Beach used to be
won't be nothing at all"...
Cass Elliot, Earthquake

Eine religiöse Sektierergruppe verbreitet das Gerücht von einem kommenden Erdbeben an der Westküste, dem nicht nur San Franzisco wieder einmal, sondern die ganze Küste zum Opfer fallen soll, als Rache für das sündige Leben der Kalifornier. Cass Elliot von den Mamas &

ger, Jimi Hendrix etc. hat
genbesitzes einigen Ärger.
veröffentlichen ihre erste
Sons of Champlin. „Easy
Cannes aufgeführt.
Es gab so viele neue G
vals lösten Be-Ins und Fre
und die Sehnsucht nach e
Monterey führte zu den Pl
stock, wenn man mal vom
Teil absieht. Zum erstenm
dem geplanten Mammutf
gust 69 Anfang des Jahre
150 000 Besucher schätze
kommen.
Festivals werden an
Miami, Toronto, Newport
lorado, Denver, Canada,
aber das alles sind Kleinigk
was in Woodstock passier
viel drüber geschrieben w
ich mich nur mit den Fak
Am 15.–17. August 69 fa
stockfestival bei Bethel
Land des Bauern Max Y
wickelte sich zu einem Mi
dem Joe Jocker, Country J
Ten Years After, The Ban
ter, Blood, Sweat & Tears,
plane, Crosby, Stills, Na
Butterfield Blues Band,
Creedence Clearwater R
Havens, Sweetwater, Tim
nie, Ravi Shankar, Arlo
Baez, John Sebastian,
Santana, Incredible String
Heat, Grateful Dead, Sly
Stone, Who and Jimi He
habe ich welche vergessen)
Mann wurde überfahren,
Drogen, etwa 5000 Droge
gezählt, 2 Geburten und 4
Eine Nation stand K
presse auch, es war eine
Sensation, die keiner verk
lem nicht die Musiker.
Janis Joplin: „Früher w
kleine Gruppe von Auße
gibt es Massen und Mas
aber Bill Graham sah die G
stock ist ein Monster, da
schlingen wird". Und er se
im Avalon am 4. August 6
eines Streiks der Lightsh
Hearing stattfand, daß er
West Ende des Jahres sc
weil er keine Lust mehr
machen.
Dem Wahnsinn von
Film, Bild und Platte sch
blemlos und als Friedensb
Welt hingestellt, war nich
die Industrie hatte den Ro
Massen weitergegeben –
die mit Woodstock nichts
Doch die Musiker schweb
Himmel der Erinnerung.

der »Royal Albert Hall« in London und ist sauer, weil sie die Titelseite der *Newsweek* für General Eisenhower, der nach 14 Schlaganfällen das Zeitliche segnete, räumen muss und meint: »Warum muss er ausgerechnet in meiner Woche sterben, in meiner Woche.«

In Miami gibt es wieder mal Ärger mit den Doors. Jim Morrison zeigt seinen Penis und wird wegen Betrunkenheit, unsittlichem Verhalten in der Öffentlichkeit etc. abgeschoben und später zu 5000 Dollar Strafe verurteilt. Mit seinem Verhalten löst er eine Protestversammlung der Bürger Miamis gegen die Dekadenz der Jugend aus, Miami wird von Gruppen gemieden wie die Pest und die Doors verlieren ihre ganzen Engagements und ziehen sich mehr oder minder freiwillig bis Mitte des Jahres aus der Öffentlichkeit zurück.

Gram Parsons glaubt, »in diesem Jahr wird Jesus die Top Ten machen« und hat gar nicht so unrecht, Sir Douglas Quintet hat ein Comeback mit »Mendocino«, so richtig fröhlich und zum Tanzen, Love formieren sich vollkommen neu und Frank Zappa, den ewigen Ärger mit den Plattenfirmen über, gründet sein Label Bizzare Records (Just what the world needs – another record-company), produziert die GTO's, Wild Man Fischer und Captain Beefheart, später kommt dann noch das Label Straight Records dazu mit Tim Buckley, Alice Cooper etc.

»Atlantis will rise, Sunset Boulevard will fall/ Where the beach use to be won't be nothin' at all« (»California Earthquake«, Cass Elliot)

Eine religiöse Sektierergruppe verbreitet das Gerücht von einem kommenden Erdbeben an der Westküste, dem nicht nur San Francisco wieder einmal, sondern die ganze Küste zum Opfer fallen soll, als Rache für das sündige Leben der Kalifornier. Cass Elliot von den Mamas and the Papas greift das Thema für ihre erste Single »California Earthquake« auf.

Timothy Leary lässt sich als Kandidat für den Gouverneursposten von Kalifornien aufstellen und hat mehrmals Schwierigkeiten mit der Drogenpolizei. Auch Jefferson-Airplane-Mitglieder und Manager, Jimi Hendrix etc. haben wegen Drogenbesitzes einigen Ärger. The Charlatans veröffentlichen ihre erste LP, ebenso die Sons of Champlin. »Easy Rider« wird in Cannes aufgeführt.

Es gab so viele neue Gruppen, Festivals lösten *Be-ins* und Free Concerts ab, und die Sehnsucht nach einem weiteren Monterey führte zu den Plänen zu Woodstock, wenn man mal vom kommerziellen Teil absieht. Zum ersten Mal wurde von dem geplanten Mammutfestival im August 1969 Anfang des Jahres gesprochen, 150.000 Besucher schätzt man, werden kommen.

Festivals werden angekündigt für Miami, Toronto, Newport, Atlanta, Colorado, Denver, Kanada, Detroit etc., aber das alles sind Kleinigkeiten verglichen mit dem, was in Woodstock passiert. Da schon so viel darüber geschrieben wurde, möchte ich mich nur mit den Fakten aufhalten. Vom 15. bis 17. August 1969 fand

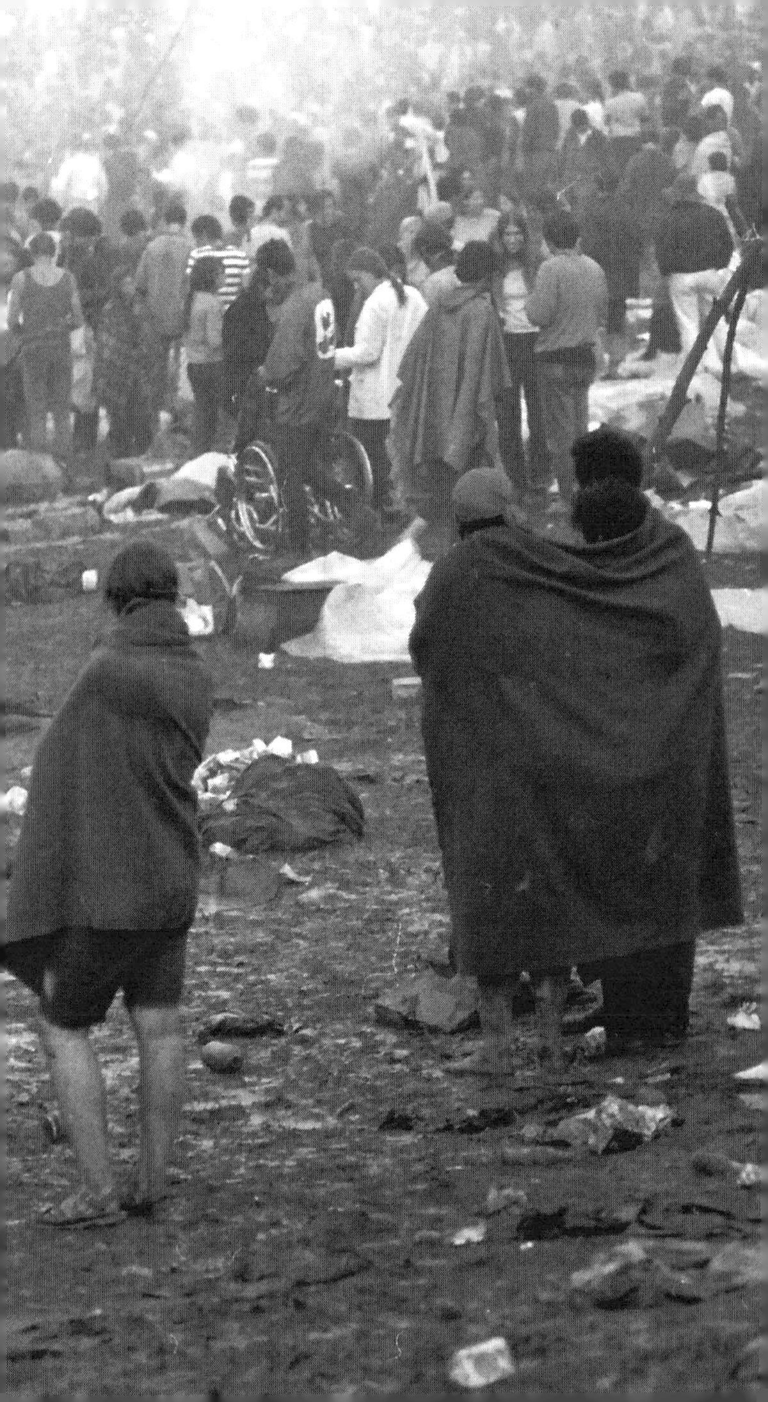

das Woodstock-Festival bei Bethel statt, auf dem Joe Jocker, Country Joe & The Fish, Ten Years After, The Band, Johnny Winter, Blood, Sweat & Tears, Jefferson Airplane, Crosby, Stills, Nash & Young, Butterfield Blues Band, Janis Joplin, Creedence Clearwater Revival, Richie Havens, Sweetwater, Tim Hardin, Melanie, Ravi Shankar, Arlo Guthrie, Joan Baez, John Sebastian, Keef Hartley, Santana, The Incredible String Band, Canned Heat, Grateful Dead, Sly & The Family Stone, Who und Jimi Hendrix (sicher habe ich welche vergessen) auftraten. Ein Mann wurde überfahren, einer starb an Drogen, etwa 5000 Drogenfälle wurden gezählt, zwei Geburten und vier Fehlgeburten. Eine Nation stand Kopf, die Weltpresse auch, es war eine Sensation, eine Sensation, die keiner verkraftete, vor allem nicht die Musiker.

Janis Joplin: »Früher waren wir eine kleine Gruppe von Außenseitern; jetzt gibt es Massen und Massen von uns«, aber Bill Graham sah die Gefahr: »Woodstock ist ein Monster, das uns alle verschlingen wird.« Und er selbst verkündete im »Avalon« am 4. August 1969, wo anlässlich eines Streiks der Lightshow-Leute ein Hearing stattfand, dass er sein »Fillmore West« Ende des Jahres schließen wolle, weil er keine Lust mehr habe weiterzumachen.

Dem Wahnsinn von Woodstock, in Film, Bild und Platte schön sonnig, problemlos und als Friedensbotschaft für die Welt hingestellt, war nichts gewachsen, die Industrie hatte den Rockmarkt an die Massen weitergegeben – an die Massen, die mit Woodstock nichts zu tun hatten. Doch die Musiker schwebten im siebten Himmel der Erinnerung.

> By the time we got to Woodstock/ We were half a million strong/ And everywhere was song and celebration
>
> »Woodstock« (Joni Mitchell)

… in den letzten Zügen

Die letzte Folge unserer Serie zeigt die Westcoast in den letzten Zügen – Altamont zerstörte den Traum von der »Woodstock-Nation«, das große Popstar-Sterben setzt ein, die Industrie siegt endgültig über die Befreiungsversuche einzelner Gruppen und Künstler und das Wahlergebnis, das Nixon für weitere vier Jahre im Amt bestätigt, macht alle Illusionen über den Stellenwert der Alternativ-Kultur zunichte. – »Es ist fast so, als würde die Geschichte über die Musik der Westcoast von ganz allein zu Ende gehen«.

> The mud and the garbage did show/ the green and blue toilets were always overflow/ but the kids, my brothers, they did it straight,/ the music and the joy went on so long/ it wasn't even late// You wanna see the future now?/ don't put our festival down/ this time next year, man/ ten million may be coming 'round
>
> »Up in Woodstock« (Eric Burdon)[1]

---

1 »Der Journalist Greil Marcus hat den vermeintlichen Songtext in einem Interview/Artikel über Woodstock im *Rolling Stone* Eric Burdon zugeschrieben und die Lyrics veröffentlicht. Wer die Zeilen wirklich schrieb und ob es sich überhaupt um einen Song handelt, habe ich leider nicht in Erfahrung bringen können (Gabriele Werth).«

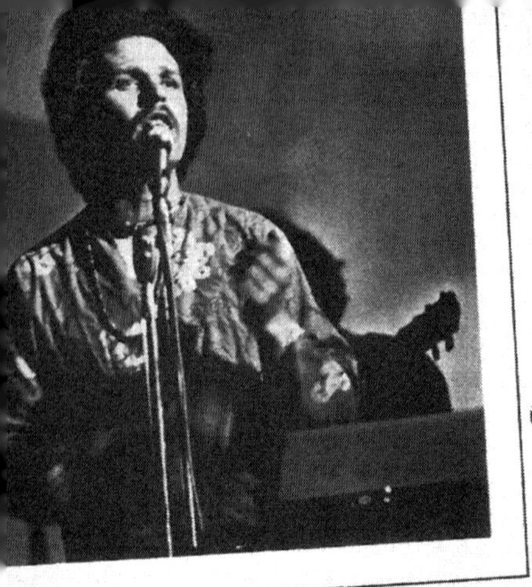

Ingeborg S

... in den letz

**Die letzte Folge unsere
Westcoast in den letzten Züger
den Traum von der „Woo
große Popstar-Sterben setzt ein, d
über die Befreiungsversuche einzelne
das Wahlergebnis, das Nixon fü
Amt bestätigt, macht alle Illusione
Alternativ-Kultur zunichte. – „E
Geschichte über die Musik
ganz allein zu En**

*he mud and the garbage did show
e green and blue toilets were
ways overflow
it the kids, my brothers, they dug
straight,
e music and the joy went on so
ng
wasn't even late*

*ou wanna see the future now?
on't put our festival down
is time next year, man
n million may be coming 'round*

(Up in Woodstock /Eric Burdon)

ric Burdon, fast ein Chronist der Rock-
eschichte, war nicht der einzige, der
ach dem Woodstockereignis im August
969 die Welt verklärt durch die berüch-
gte rosarote Brille sah. Die Veranstal-
er des Mammutfestival allerdings hatten
ndere Sorgen. Bei ihnen flatterten täg-
ch Gerichtsklagen und Geldforderun-
en der an Woodstock Beteiligten oder
er Anlieger ins Haus, die man im Mo-
ent trotz hoher Einnahmen nicht
ecken konnte. Aber die Woodstock-
ation's-Idee spukte weiter in den
öpfen aller, Festivals wie das in Toron-
, veranstaltet von John Lennon und
oko Ono, ein Rock-Festival mit den
roßen wie Little Richard, heute als
ilmdokumentation „Keep On Rockin"
 den Kinos, und Miami-Pop-Festival,
eide im September, wurden wohl unter
nlichen Erwartungen gestartet.

Roger McGuinn von den Byrds
chrieb mit am Titelsong für „Candy",
inem Film mit Ringo Starr in der
auptrolle, und im Oktober 69 kam
kip Battin zu den Byrds. Eine ganze
eihe meist sehr Country und Folk

zung der Grateful Dead. Also nicht verwunderlich, daß Jerry Garcia bei den ersten Konzerten und der ersten LP Starthilfe gab. Mit ihrem Cowboyimage erinnerten sie ein wenig an die alten Charlatans, die Musik selbst, simpel, pur und unbeschwert, Kalifornien in seinen wärmsten Tagen.

Den Beach Boys geht's weniger gut

Noch ein paar waschechte Countrybands törnten die Leute an, Poco und Flying Burrito Brothers, beide aus den Überresten der Byrds, Buffalo Springfield, Dillards und deren Freunden entstanden, die mit frischer Landluft Psychedelic, Underground und Electric Blues von den Bühnen blasen.

Den Beach Boys ging's weniger gut, wenn man die damaligen Ereignisse betrachtet. Brian Wilson, vollkommen zurückgezogen, verstieg sich mehr und mehr in skurrile Ideen. Er baute ein Zelt in seinem Wohnzimmer auf, und während er am Klavier neue Songs komponierte, spielte er mit den Füßen im Sand, der den Fußboden bedeckte. Er wollte eine Platte über Health Food machen, ein Comedy Album, das Wasserrauschen als Notenmuster für eine Geräuschcollagenplatte verwenden usw. Ein Stück, Fire Music genannt, verbrannte er, nachdem er erfuhr, daß das Haus gegenüber dem Aufnahmestudio abgebrannt war und in der Aufnahmewoche der Musik in L. A. Brände rapide angestiegen waren. Er umgab sich mit Stars, V. I. P.'s, flippte seine Brüder jeden Tag mit neuen Ideen, wollte vom

kabel, un
Brothers
Mad R
brachte i
Skip Sp
Drummer
öffentlich
und Steve
VE NEW
die Grupp
zu steller
„Rolling S
Jann Wen
Doch die
Ereignis,
wegung s
kehrt?),
(später d
wirklich c
denen, d
Fluktuati
Crosby, d
Byrds, de
me und c
tarre, Ste
list, herv
rem Gesa
ham Nas
cher Hits
mehr sein
spielend
drei vers
musikalis
schaft zus
folg der
den Mark
auch hier
ganz unm
sik entde
menschlic
Gitarre, d
gemeine
Anlage ge

Eric Burdon, fast ein Chronist der Rockgeschichte, war nicht der einzige, der nach dem Woodstock-Ereignis im August 1969 die Welt verklärt durch die berüchtigte rosarote Brille sah. Die Veranstalter des Mammutfestivals allerdings hatten andere Sorgen. Bei ihnen flatterten täglich Gerichtsklagen und Geldforderungen der an Woodstock Beteiligten oder der Anlieger ins Haus, die man im Moment trotz hoher Einnahmen nicht decken konnte. Aber die »Woodstock-Nations«-Idee spukte weiter in den Köpfen aller, Festivals wie das in Toronto, veranstaltet von John Lennon und Yoko Ono, ein Rock-Festival mit den Großen wie Little Richard, heute als Filmdokumentation »Keep On Rockin« in den Kinos, und das Miami-Pop-Festival, beide im September, wurden wohl unter ähnlichen Erwartungen gestartet.

Roger McGuinn von den Byrds schrieb mit am Titelsong für »Candy«, einem Film mit Ringo Starr in der Hauptrolle, und im Oktober 1969 kam Skip Battin zu den Byrds. Eine ganze Reihe meist sehr Country- und Folk-orientierter Gruppen entstanden, darunter New Riders of the Purple Sage, so etwas wie eine auferstandene Ur-Besetzung der Grateful Dead. Also nicht verwunderlich, dass Jerry Garcia bei den ersten Konzerten und der ersten LP Starthilfe gab. Mit ihrem Cowboyimage erinnerten sie ein wenig an die alten Charlatans, die Musik selbst, simpel, pur und unbeschwert, Kalifornien in seinen wärmsten Tagen.

Den Beach Boys geht's weniger gut

Noch ein paar waschechte Country-Bands törnten die Leute an, Poco und Flying Burrito Brothers, beide aus den Überresten der Byrds, Buffalo Springfield, The Dillards und deren Freunden entstanden, die mit frischer Landluft Psychedelic, Underground und Electric Blues von den Bühnen blasen.

Den Beach Boys ging's weniger gut, wenn man die damaligen Ereignisse betrachtet. Brian Wilson, vollkommen zurückgezogen, verstieg sich mehr und mehr in skurrile Ideen. Er baute ein Zelt in seinem Wohnzimmer auf und während er am Klavier neue Songs komponierte, spielte er mit den Füßen im Sand, der den Fußboden bedeckte. Er wollte eine Platte über Health Food machen, ein Comedy-Album, das Wasserrauschen als Notenmuster für eine Geräuschcollagen-Platte verwenden usw. Ein Stück, »Fire Music« genannt, verbrannte er, nachdem er erfuhr, dass das Haus gegenüber dem Aufnahmestudio abgebrannt war und in der Aufnahmewoche der Musik in L.A. Brände rapide angestiegen waren. Er umgab sich mit Stars, V.I.P.'s, flippte seine Brüder jeden Tag mit neuen Ideen, wollte vom Underground akzeptiert werden.

Schließlich waren sich die Beach Boys einig: Brian braucht sein eigenes Plattenlabel, um kreativen Frieden zu haben: Brothers Records war geboren!

Mad River, eine sehr alte S.F.-Band, brachte ihre erste LP auf den Markt, Skip Spence, Ex-Jefferson-Airplane-Drummer, Ex-Moby-Grape-Gitarrist veröffentliche »Oar«, sein erstes Soloalbum, und Steve Miller überraschte mit »Brave New World«, Boz Scaggs verließ die Gruppe um eine eigene auf die Beine zu stellen, deren erstes Album von *Rolling Stone*-Gründer und -Redakteur Jann Wenner produziert wurde.

Doch die Supergruppe des Jahres, das Ereignis, das einen neuen Trend in Bewegung setzen sollte (oder war es umgekehrt?), war Crosby, Stills & Nash (später dann noch Young), die erste wirklich offene Gruppe. Abgesehen von denen, die so eine Art unfreiwillige Fluktuation durchmachen mussten. Crosby, der Mustache-Cowboy und Ex-Byrds, der Mann mit der sanften Stimme und dem Country-Feeling in der Gitarre, Steve Stills, der Multiinstrumentalist, hervorragender Songwriter, mit klarem Gesang und Gitarrenspiel, und Graham Nash, Schöpfer zahlreicher Hits, der Engländer, der keiner mehr sein wollte und die höchsten Töne spielend sang. Die Tatsache, dass hier drei verschiedene Idole verschiedener musikalischer Herkunft und Anhängerschaft zusammenkamen, mag viel am Erfolg der ersten LP, die im Juli 1969 auf den Markt kam, erklären. Woodstock tat auch hier den Rest, wenn man es mal ganz unmusikalisch betrachtet. Die Musik entdeckte das Natürliche wieder, die menschliche Stimme und die akustische Gitarre, das alles hatte plötzlich eine ungemeine Faszination, die jeder Super-Anlage gewachsen war. Apropos super, The Who brachten ihre Rockoper »Tommy« auf den Markt und hatten damit bis auf den heutigen Tag ausgesorgt. Jim Morrison von den Doors brachte für ein paar Freunde im Selbstverlag Gedichte, »The Lords And The New Creatures«, heraus und hielt mit Poet und Freund Michael McClure eine Dichterlesung aus seinem Gedichtband »The Lords. Notes On Vision« anlässlich der Premiere des Doors-Films »Feast Of Friends«.

Am 15. Oktober, dem Moratorium-Tag, einem Anti-Vietnam-Tag, solidarisieren sich alle im Musikbusiness Beschäftigten, indem sie eine Art Streik durchführen. Plattenläden bleiben geschlossen, Plattenfirmen machen *Open House*, Clubs und Tanzsäle öffnen nur für Benefizveranstaltungen, für die auch nur Gruppen spielen.

Das Desaster von Altamont

James Taylor brach sich bei einem Unfall mit einem Motorrad die Hände und konnte einige Zeit nicht spielen und David Crosbys Freundin kam bei einem Autounfall ums Leben. Brian Jones, der Ex-Rolling Stone, wird tot im Swimmingpool gefunden, der erste offizielle Drogentote der Rockmusik.

Die Stones indessen selbst, mit neuem Mann Mick Taylor, planen ihre nächste Amerika-Mammuttournee, und was noch keiner weiß, das Desaster, das den Burdon-Traum der zehn Millionen total zunichte machen wird: Altamont!

Am 9. August bringt die Weltpresse Schlagzeilen, die eher nach einem billigen Groschenroman als nach Realität klingen. Was war passiert? Fünf prominente Leute aus der L.A.-Szene, darunter die Schauspielerin Sharon Tate, Frau des Regisseurs Roman Polanski, waren ermordet in ihrer Villa in Hollywood aufgefunden worden. Täter: Charles Manson und seine »Strand-Buggy-Streitmacht«. Manson war in L.A. nicht unbekannt. Er hatte als Folksänger Erfolg in L.A.s »Troubadour« gehabt, das Interesse von Peter Fonda und dem Byrds-Produzenten Terry Melcher geweckt und war eine Zeit eng mit Beach Boy Dennis Wilson befreundet gewesen. Neben zahlreichen Motiven wie religiösem Wahn und geistiger Verwirrung wird auch Rache angenommen, Rache an Melcher, dem das Haus einmal gehört hat und der Manson angeblich einen Plattenvertrag versprochen hatte.

Der 6. Dezember war ein Tag, an dem alles schiefging, was nur schief gehen konnte, vielleicht sogar der schlimmste Tag des Rock'n'Roll, wie der *Rolling Stone* nach den Ereignissen berichtete. Und Rock Scully, Grateful-Dead-Manager und mitverantwortlicher Organisator des Unternehmens meinte: »Jeder hätte sehen müssen, dass es passieren würde, der ganze Trip ... Mann ... als wenn jemand versucht, ein zweites Woodstock zu kaufen. Wir hätten es erkennen müssen, aber das konnten wir nicht voraussehen!«

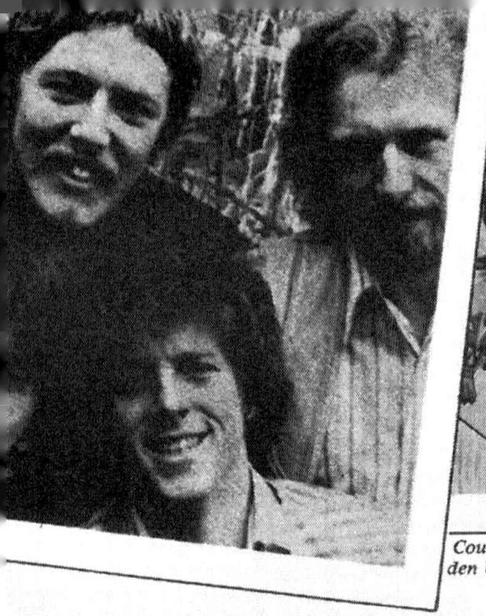

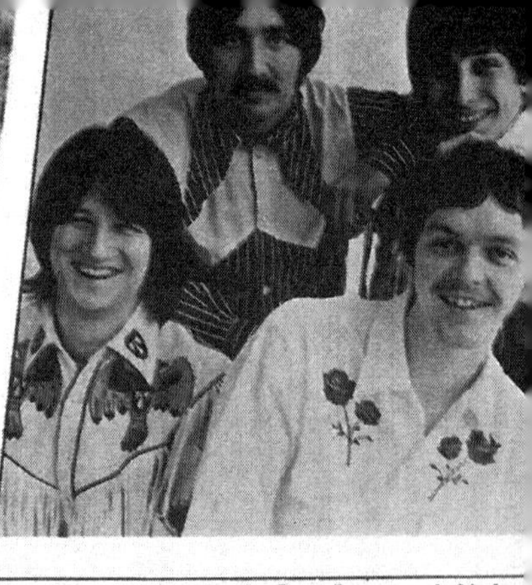

Countrybands Flying Burrito Bros., Poco, – mit frischer
den Unterground von der Bühne geblasen.

Doors brachte
elbstverlag Ge-
es" heraus und
eund Michael
ng aus seinem
, Notes on Vi-
iere des Doors

Moratorium-
Tag, solidari-
ikbusiness Be-
ine Art Streik
n bleiben ge-
machen open
ile öffnen nur
, für die auch

Altamont

bei einem Un-
e Hände und
pielen, und Da-
am bei einem
rian Jones, der
tot im Swim-
erste offizielle
k.
elbst, mit neu-
, planen ihre
-Tournee, und
s Desaster, das
0 Millionen to-
: Altamont!
die Weltpresse
ch einem billi-
nach Realität
? Fünf promi-
A.-Szene, dar-
Sharon Tate,
man Polanski,
Villa in Holly-
n. Täter: Char-

unbekannt. Er hatte als Folksänger Erfolg in L. A.s „Troubadour" gehabt, das Interesse von Peter Fonda und dem Byrds-Produzenten Terry Melcher geweckt und war eine Zeit eng mit Beach Boy Dennis Wilson befreundet gewesen. Neben zahlreichen Motiven, wie religiösem Wahn und geistiger Verwirrung wird auch Rache angenommen, Rache an Melcher, dem das Haus einmal gehört hat und der Manson angeblich einen Plattenvertrag versprochen hatte.

Der 6. Dezember war ein Tag, an dem alles schief ging, was nur schief gehen konnte, vielleicht sogar der schlimmste Tag des Rock 'n' Roll, wie der Rolling Stone nach den Ereignissen berichtete. Und Rock Scully, Grateful Dead Manager und mitverantwortlicher Organisator des Unternehmens meinte: „Jeder hätte sehen müssen, daß es passieren würde, der ganze Trip . . . Mann . . . als wenn jemand versucht, ein zweites Woodstock zu kaufen. Wir hätten es erkennen müssen, aber das konnten wir nicht voraussehen!"

Zwanzig Stunden vor Beginn des Festivals, dessen Hauptattraktion ein Free-Concert der Rolling Stones sein sollte, wurde der Ort gewechselt. Bis die ersten der rund 300 000 Besucher anrückten war keine Zeit mehr, genügend sanitäre und ärztliche Einrichtungen herbeizuschaffen und ein gutorganisiertes Ordnersystem auf die Beine zu stellen. Man verließ sich auf die von den Grateful Dead Manager Rock Scully und Rolling Stones Road Manager Sam Cutler angeheuerten Hell's Angel, die mit Bier im Wert von 200 Dollar bezahlt wurden. Die Stones waren aufgrund ihrer positiven Erfahrungen mit den englischen Hell's Angel bei ihrem Hyde Park

kam es zu Reibereien und Marty
wurde von einem Hell's Angel a
Bühne k. o. geschlagen. Es herr
bad vibes, und der Auftritt der R
Stones war geradezu dazu angetan
zu verstärken. Jedenfalls passie
beim dritten Lied, „Sympathy f
Devil", festgehalten von zwei Ka
die Altamont als einen Teil des g
ten Stones-Amerika-Tournee-Film
zeichnen sollten. Es wurde somit
misches Dokument der blutigen
nisse. Das Opfer war der 18j
Meredith Hunter, Täter ein Hell's
der ihn mit ein paar Messerstiche
lich verwundete. Paranoia und F
zen blieb nach diesem Festival, au
drei weitere Leute durch Unfäll
Tod fanden, was ein unbefangene
wickeln weiterer Festivals unm
machte und viele Staaten Amerika
veranlaßte, ein grundsätzliches Fe
verbot zu erlassen.

Im gleichen Jahr noch hilft Co
Joe bei der Herstellung eines Film
die Revolution in Chile und gibt, z
men mit den Sons of Champlai
sich mit ihrer zweiten LP kurz
nennen, ein Konzert im berühmt
Quentin Gefängnis.

I Feel Like I'm Fixin' To Die

Bill Graham schließt sein Fi
West nun doch nicht, dafür wi
dem Avalon-Ballroom ein Kino (h
das ja umgekehrt sein), und in Ha
schließt der berühmte Star-Club,
Beatles ihre ersten Auftritte hatte
ne Pforten. Die Beatles übrigens r
sich mit hartnäckigen Gerüchte
spekulativen Analysen über den a

Zwanzig Stunden vor Beginn des Festivals, dessen Hauptattraktion ein Free Concert der Rolling Stones sein sollte, wurde der Ort gewechselt. Bis die ersten der rund 300.000 Besucher anrückten war keine Zeit mehr, genügend sanitäre und ärztliche Einrichtungen herbeizuschaffen und ein gut organisiertes Ordnersystem auf die Beine zu stellen. Man verließ sich auf die von den Grateful-Dead-Manager Rock Scully und Rolling-Stones-Road Manager Sam Cutler angeheuerten Hells Angels, die mit Bier im Wert von 500 Dollar bezahlt wurden. Die Stones waren aufgrund ihrer positiven Erfahrungen mit den englischen Hells Angels bei ihrem Hyde Park Free Concert einverstanden. Bereits beim Auftritt der Jefferson Airplane kam es zu Reibereien und Marty Balin wurde von einem Hells Angel auf der Bühne k. o. geschlagen. Es herrschten *bad vibes*, und der Auftritt der Rolling Stones war geradezu dazu angetan, diese zu verstärken. Jedenfalls passierte es bei »Under My Thumb«, festgehalten von zwei Kameras, die Altamont als einen Teil des geplanten Stones-Amerika-Tournee-Films aufzeichnen sollten. Es wurde somit ein filmisches Dokument der blutigen Ereignisse. Das Opfer war der 18jährige Meredith Hunter, Täter ein Hells Angel, der ihn mit ein paar Messerstichen tödlich verwundete. Paranoia und Entsetzen blieb nach diesem Festival, auf dem drei weitere Leute durch Unfälle den Tod fanden, was ein unbefangenes Entwickeln weiterer Festivals unmöglich machte und viele Staaten Amerikas dazu veranlasste, ein grundsätzliches Festivalverbot zu erlassen.

Im gleichen Jahr noch hilft Country Joe bei der Herstellung eines Films über die Revolution in Chile und gibt, zusammen mit den Sons of Champlin, die sich mit ihrer zweiten LP kurz Sons nennen, ein Konzert im berühmten St.-Quentin-Gefängnis.

I Feel Like I'm Fixin' To Die

Bill Graham schließt sein »Fillmore West« nun doch nicht, dafür wird aus dem »Avalon-Ballroom« ein Kino (hier soll das ja umgekehrt sein), und in Hamburg schließt der berühmte »Star-Club«, wo die Beatles ihre ersten Auftritte hatten, seine Pforten. Die Beatles übrigens müssen sich mit hartnäckigen Gerüchten und spekulativen Analysen über den angeblichen Tod von Paul McCartney herumschlagen. That's Showbiz!

Das Jahr 1970 beginnt mit dem üblichen Geplänkel. Country Joe muss sich in Chicago vor einem Gericht wegen Unruhestiftung verantworten. Er fängt an, als er zu einer Aussage aufgefordert wird, seinen »I Feel Like I'm Fixin' To Die Rag« zu singen:

give me an f
give me an u
give me an c
give me an k
what's that spell: fuck

(auch als fish oder luck, eigentlich als alles anwendbar)

> Well, come on all you big strong men/ Uncle Sam needs your help again/ He's got himself in a terrible jam/ Way down yonder in Vietnam/ So put down your books and pick up a gun/ We're gonna have a whole lot of fun

So weit muss er ungefähr gekommen sein, als er aufgefordert wird zu schweigen und als Country Joe das nicht tut, wird ihm von einem der Gerichtshelfer einfach der Mund zugehalten!

Ringo Starrs »Magic Christian« hat Premiere. Quicksilver in neuer Besetzung mit Nicky Hopkins, Piano-Superstar, werden durch die Rückkehr Gary Duncans beglückt, der auch gleich Dino Valente mit in die Gruppe bringt, der einige Lieder für Quicksilver geschrieben hatte und behauptete »Ich war schon immer ein Mitglied der Quicksilver.« Na ja! Im April 1970 haben Jim Morrison (Doors) und sein Freund und Filmemacher Tom Baker *trouble*. Sie werden wegen Beleidigung einer Stewardess zu einer Geldstrafe verurteilt.

Bootleg wird zum großen Schlagwort und Underground-Geschäft, nicht nur mit Raubplatten von Dylan, Stones, Hendrix, sondern auch mit Songbüchern, Büchern und sogar Filmen. Apropos Film, die Woodstock-Heroen, noch immer in die Prozesse um Geld verwickelt, machen das Glanzgeschäft mit ihrem Festivalfilm, mit dem auch all die anderen aus der Mottenkiste der Verleiher hervorgezogen werden, Monterey, Toronto, Atlanta usw. usw. Und die Stones und ihr Filmteam brüten über dem Altamont-Film »Gimme Shelter«, um den Dreh zu finden, ein Geschäft zu machen ohne den Vorwurf, sensationshungrig zu sein.

Die Bee Gees wagen den Wahnsinn, mit einem 30-Mann-Orchester auf Tournee zu gehen und Eric Clapton unterstützt Delaney, Bonnie & Friends durch Spiel, Namen und *promotion*. Blue Cheer, eine der wenigen Heavy-Hard-Rock-Bands der Westküste, haben sich von ihrem Trommelfeuerrock gelöst und präsentieren brauchbaren, hörenswerten Rock auf »Blue Cheer«, während The Who mit »Tommy« Einzug in die renommierten Opernhäuser der Welt halten, »Metropolitan« in New York usw. Jefferson Airplane, die wegen Grace Slicks Schwangerschaft keine Konzerte mehr geben und seit »Volunteers« und dem Live-Album »Blessed It's Pointed Little Head« keine LP auf den Markt brachten (wenn man mal von dem The-Best-of-the-Rest-Querschnitt, von der Plattenfirma unter dem Motto »The Worst Of Jefferson Airplane« zusammengestellt, absieht), gehen ihre eigenen Wege. Jorma Kaukonen und Jack Casady spielen im »Matrix« unter dem Namen Hot Tuna Country-Musik, Papa John Creach schließt sich ihnen mit der Geige an und sie bringen Mitte 1970 ihre erste LP auf den Markt.

Die Beatles geben ihre Trennung bekannt. Für den 4. Juli wird von verschiedenen Underground-Organisationen wie White Panther, Yippies usw. das erste *Smoke-in* angekündigt, das in Washington D.C. stattfinden soll, von sich solidarisierenden Interessengruppen aber auch in anderen Städten durchgeführt wird. Ziel: Legalisiert Pot! Eine andere Kampagne, unterstützt von Musikern, Zeitungen und Co-Operativen: Senkt das Wahlalter, wie es in England bereits geschehen ist, auf 18 in Kalifornien!

Wer trotz Altamont und Festivalverbot eine sommerliche Tramp-Sehnsucht nach Woodstock bekommt, wird von den einschlägigen Undergroundpapers aufs Äußerste gewarnt, und durch die Aufzählung der neuen Gesetzesgebung, die aufgrund des Festivals dort erlassen wurde, abgeschreckt. Das geht von langen Haaren bis hin zu freizügiger Kleidung und auf Rasenflächen sitzen. Und Bauer Yasgur, Vermieter des Woodstock-Geländes, zieht es vor, um den ständigen Sticheleien seiner Nachbarn aus dem Weg zu gehen, sein Land zu verkaufen und woanders hinzuziehen.

Heavy music on the line mit Steppenwolf. Die Rockgruppe, Anführer John Kay, ehemals John Kay & The Sparrow, mit dem Hermann-Hesse-Namen, ist so etwas wie eine sonnige Westküstenausgabe der Detroit-Band MC5. Harter Politrock, kritische Texte, Engagement und obszöne Bühnenshow haben sie aufs amerikanische Sternenbanner geschrieben. Zu ihren bekanntesten und wohl auch besten Songs zählen »The Pusher«, eine Warnung an alle, die dem Pusher, dem Drogenhändler, Weltanschauung und Ware abkaufen und diesen reich machen, und »Monster«, ein Lied über Amerika, das Monster, die Hydra, die alles vernichtet und verschlingt.

Die Toten von Kalifornien

Es klingt schon recht morbid, was da jetzt zu erzählen ist, fast klingt es so, als würde die Geschichte über die Westküste ganz von allein zu Ende gehen, weil nach und nach alles dahinstirbt. Und sicher haben die folgenden Schocknachrichten mit dazu beigetragen, das S.F.- und L.A.-Leben etwas zu ändern. Al Wilson, auch Blind Owl genannt, Mundharmonikaspieler und Komponist vieler Lieder der Bluesgruppe Canned Heat, wird tot in seinem Wohnwagen im Laurel Canyon aufgefunden. Todesursache: wahrscheinlich eine Überdosis von Drogen. 15 Tage später, am 18. September, stirbt einer der Größten, einer der den Gitarrensound revolutioniert und die exzentrische Bühnenshow in die Rockmusik brachte: Jimi Hendrix, farbiger Musiker aus Amerika, der nach England gehen musste, um es zu machen. Todesursache: Ersticken durch Erbrechen nach einer Überdosis Tabletten. Und am 4. Oktober wird die große Bluesinterpretin der neuen Rockmusik, Janis Joplin, 27, in ihrem Hotelzimmer aufgefunden. Todesursache: eine Überdosis Drogen (und vielleicht auch Alkohol). Zurück lässt sie das fast fertiggestellte Album »Pearl«.

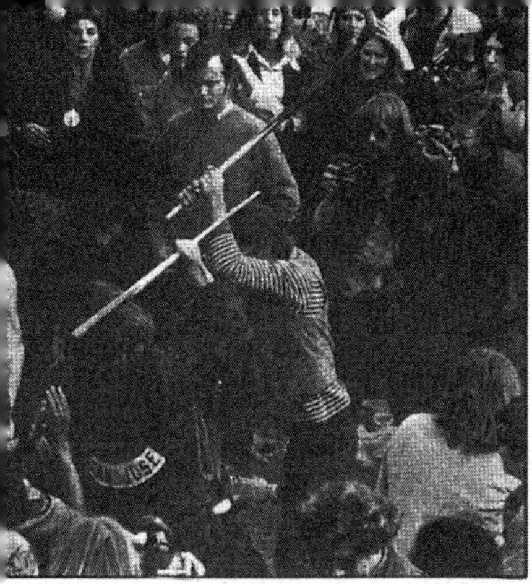

– „Jeder hätte sehen müssen, daß es passieren würde."

n üblichen
ß sich in
gen Unru-
ngt an, als
dert wird,
Fixin' To

n *als fish*
anwend-

g men,
in
n,

ick

."
men sein,
chweigen,
tut, wird
elfer ein-

tian' hat
neuer Be-
s, Piano-
Rückkehr
ch gleich
e bringt,
silver ge-
ete „Ich
lied der
1970 ha-
und sein
m Baker
leidigung
trafe ver-

hlagwort

Film, die Woodstock-Heroen, noch immer in die Prozesse um Geld verwickelt, machen das Glanzgeschäft mit ihrem Festivalfilm, mit dem auch all die anderen aus der Mottenkiste der Verleiher hervorgezogen werden, Monterey, Toronto, Atlanta usw. usw. Und die Stones und ihr Filmteam brüten über dem Altamont-Film „Gimmie Shelter", um den Dreh zu finden, ein Geschäft zu machen ohne den Vorwurf, sensationshungrig zu sein.

Die Bee Gees wagen den Wahnsinn, mit einem 30-Mann Orchester auf Tournee zu gehen und Eric Clapton unterstützt Delaney, Bonnie & Freinds durch Spiel, Namen und *promotion*. Die Blue Cheer, eine der wenigen heavy-hard-rock der Westküste, haben sich von ihrem Trommelfeuerrock gelöst und [illegible] brauchbaren, hörenswerten Rock auf BLUE CHEER, während die Who mit TOMMY Einzug in die renommierten Opernhäuser der Welt halten, Metropolitan in New York usw. Jefferson Airplane, die wegen Grace Slicks Schwangerschaft keine Konzerte mehr geben und seit VOLUNTEERS und dem Live-Album BLESSED ITS POINTED LITTLE HEAD keine LP auf den Markt betrachten (wenn man mal von dem The Best of the Rest-Querschnitt, von der Plattenfirma unter dem Motto THE WORST OF THE JEFFERSON AIRPLANE zusammengestellt, absieht), gehen ihre eigenen Wege. Jorma Kaukonen und Jack Casady spielen im „Martrix" unter dem Namen Hot Tuna Countrymusic, Papa John Creach schließt sich ihnen mit der Geige an, und sie bringen Mitte 70 ihre erste LP auf den Markt.

Die Beatles geben ihre Trennung be-

wird. Ziel: Legalisiert Pot! Eine ande Kampagne, unterstützt von Musiker Zeitungen und Co-Operativen: Senk das Wahlalter, wie es in England berei geschehen ist, auf 18 in Kalifornien!

Wer trotz Altamont und Festivalve bot eine sommerliche Tramp-Sehnsuc nach Woodstock bekommt, wird vo den einschlägigen undergroundpape aufs äußerste gewarnt, und durch d Aufzählung der neuen Gesetzesgebun die aufgrund des Festivals dort erlasse wurde, abgeschreckt. Das geht von la gen Haaren bis hin zu freizügiger Kle dung und auf Rasenflächen sitzen. Un Bauer Yasgur, Vermieter des Woo stock-Geländes, zieht es vor, um de ständigen Sticheleien seiner Nachbar aus dem Weg zu gehen, sein Land z verkaufen und woanders hinzuziehen.

Heavy music on the line mit Steppe wolf. Die Rockgruppe, Anführer Joh Kay, ehemals John Kay & The Spa rows, mit dem Hermann Hesse Name ist so etwas wie eine sonnige Wes küstenausgabe der Detroit-Bands MC 5 Harter Politrock, kritische Texte, En gagement und obszöne Bühnenshow ha ben sie aufs amerikanische Sterne banner geschrieben. Zu ihren bekann testen und wohl auch besten Song zählen „The Pusher", eine Warnung a alle, die dem Pusher, dem Drogenhänd ler, Weltanschauung und Ware abkaufe und diesen reich machen, und „Mon ster", ein Lied über Amerika, das Mon ster, die Hydra, die alles vernichtet un verschlingt.

Die Toten von Kalifornien

Es klingt schon recht morbid, was d jetzt zu erzählen ist, fast klingt es so, a würde die Geschichte über die Westküst ganz von allein zu Ende gehen, we nach und nach alles dahinstirbt. Und s cher haben die folgenden Schocknach richten mit dazubeigetragen, das S. F. und L. A.-Leben etwas zu ändern. A Wilson, auch *Blind Owl* genannt, Mund harmonikaspieler und Komponist viele Lieder der Bluesgruppe Canned Heat wird tot in seinem Wohnwagen im Lau rel Canyon aufgefunden. Todesursache wahrscheinlich eine Überdosis von Dro gen. 15 Tage später, am 18. Septembe stirbt einer der Größten, einer der de Gitarrensound revolutioniert und die ex zentrische Bühnenshow in die Rockmu sik brachte: Jimmi Hendrix, farbiger Mu siker aus Amerika, der nach England ge hen mußte, um es zu machen. Todesursa che: Ersticken durch Erbrechen nach ei ner Überdosis Tabletten. Und am 4. Ok tober wird die große Bluesinterpreti der neuen Rockmusik Janis Joplin, 27

Geschockt und verschreckt, vermeiden die Musiker große Unternehmen, während die Industrie das *In-Memoriam*-Geschäft ankurbelt und die trauernden Fans fleißig kaufen.

Im November 1970 läuft der Vertrag zwischen RCA und Jefferson Airplane ab und das ist der Grund für neue Aktivitäten der Musiker. Grunt Records, ihr eigenes Plattenlabel unter der Obhut von Manager und Freund Bill Thompson, wird gestartet. Nicht nur Airplane-Platten und Solotrips der einzelnen Gruppenmitglieder, auch andere Leute sollen produziert werden, sowie Videotapes, Filme und Bücher. Und in einem Interview mit dem *Rolling Stone* sprechen Paul Kantner und Grace Slick davon, dass sie eine Art Triad, eine Dreierverbindung mit Quicksilver Messenger Service und Grateful Dead, darstellen, die künftig noch enger zusammenarbeiten soll. Gemeinsame Konzerte, gemeinsame Platten, gemeinsame Aktivitäten. Eine davon ist der Kindertraum, mit einem gemieteten Zug durch die ganzen Staaten zu fahren, in jeder großen Stadt, oder wo's sonst dufte ist, anzuhalten, Bühne aufzubauen und kostenlos zu spielen. Im Dezember schließlich wird China, die Tochter von Grace Slick und Paul Kantner geboren. Und in diesem Monat findet in New Orleans ein Konzert der Doors statt, das letzte mit Jim Morrison.

This Is The End My Friend

Die Westcoast-Situation ist inzwischen wie überall, Gruppen lösen sich auf, haben keine festen Mitglieder oder ständig neue, man arbeitet international und kommerziell. Es gibt wenig Freiraum für wirklich ungewöhnliche neue Projekte.

Die Beach Boys sind weiter vom Pech verfolgt. Zuerst verletzt sich Schlagzeuger Dennis Wilson die rechte Hand und kann nur noch singen, dann bricht ihre Tournee wegen des geringen Kartenverkaufs zusammen. Man hat Pläne mit Grateful Dead auf Tournee zu gehen und ändert radikal das Repertoire und die Gruppenbesetzung. »Surf's Up«, ein fünf Jahre altes Lied, von Brian zusammen mit Van Dyke Parks geschrieben und einmal während einer Leonard-Bernstein-Show gespielt, wird Titelsong und Trendsetter der neuen LP.

1970 veröffentlicht Paul Kantner das Konzept-Album »Blows Against The Empire«. Die Mitwirkenden des globalen Science-Fiction-Opus firmieren als Jefferson Starship: ganz Kalifornien, wenn man alle Namen der Musiker aufführen möchte.

Marty Balin verlässt Jefferson Airplane 1971: er produziert die S.F.-Gruppe Grootna und gründet 1972 die Band Bondacious D.F. Grace Slick hat einen schweren Autounfall. Trotzdem bringen sie und Paul Kantner die beiden ersten großen Grunt-Studioproduktionen auf den Markt: »Bark« und »Long John Silver«.

Auch bei Steppenwolf knistert's im Gebälk. Gitarrist Larry Byrom wird von Kent Henry, früher Blues Image, ersetzt und Nicky Hopkins verlässt Quicksilver Messenger Service, um bei den Engländern McGuinness Flint einzusteigen.

Am 3. Juli 1971 stirbt James Douglas Morrison, kurz Jim Morrison, Poet, Sänger, Musiker und Filmemacher in Paris. Erst am 9. Juli, zwei Tage nach seinem Begräbnis auf dem Friedhof Père Lachaise, wird die News an die Presse herausgegeben. Todesursache: Herzversagen. Morrison hatte sich im März nach Paris zurückgezogen, um an einem Drehbuch zu arbeiten und sich zu erholen. Zu diesem Zeitpunkt war noch nicht klar, ob er jemals wieder mit den Doors auftreten würde.

Das »Fillmore West« schließt nun endgültig seine Pforten, doch Graham macht weiterhin Veranstaltungen im »Winterland«.

»Rainbow Bridge«, ein Film über und mit Jimi Hendrix, wird vorbereitet und Zappa und seine Mütter, um Howard Kaylan und Mark Volman, ehemals Turtles, reicher geworden, drehen in London »200 Motels« ab.

Und heute?

Anfang 1972 stellt man bei der Geschäftsführung der Fillmore-Label fest, dass diese unrentabel geworden sind und stellt die Produktion rapide ein.

1970 läuft der Vertrag
ınd Jefferson Airplane
er Grund für neue Akti-
ker. Grunt, ihr eigenes
r der Obhut von Mana-
Bill Thompson, wird ge-
r Airplane Platten, und
zelnen Gruppenmitglie-
Leute sollen produziert
Videotapes, Filme und

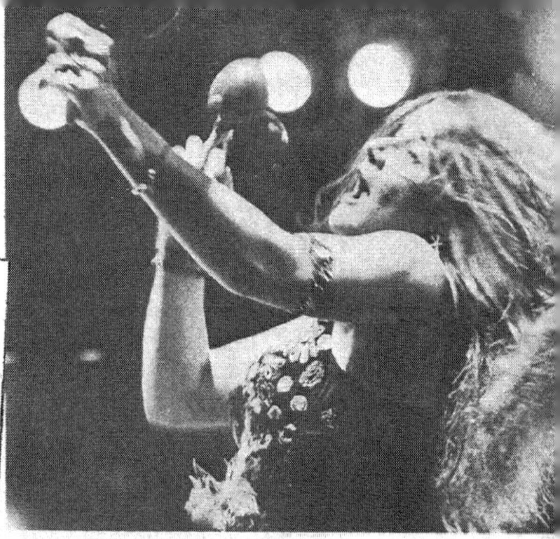

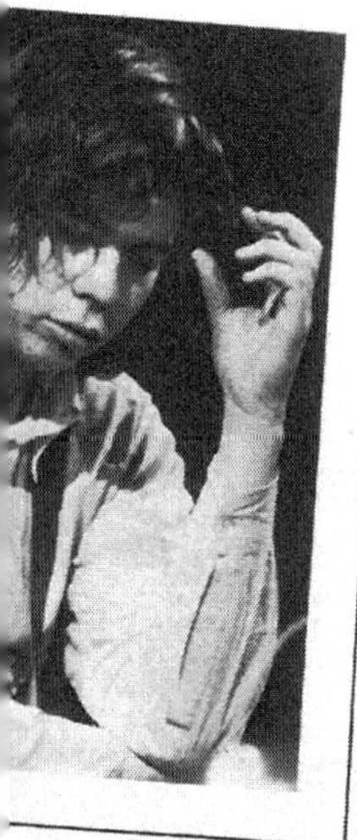

Drogentote Al „Blind Owl" Wilson und Janis Joplin – die Industrie kurbelt das „in Memoriam"- Geschäft an

einem Interview mit
ne sprechen Paul Kant-
ick davon, daß sie, eine
Dreierverbindung mit
ssenger Service und
darstellen, die künftig
nmenarbeiten soll. Ge-
erte, gemeinsame Plat-
Aktivitäten. Eine da-
ertraum, mit einem ge-
roh die ganzen Staaten
der großen Stadt, oder
ist, anzuhalten, Bühne
kostenlos zu spielen.
ließlich wird China, die
e Slick und Paul Kant-
d in diesem Monat fin-
ven ein Konzert der
etzte mit Jim Morrison.

End My Friend

tuation ist inzwischen
open lösen sich auf, ha-
Mitglieder oder ständig
itet international und
gibt wenig Freiraum für
hnliche neue Projekte.
ys sind weiter vom Pech

und kann nur noch singen, dann bricht ihre Tournee wegen des geringen Kartenverkaufs zusammen. Man hat Pläne, mit den Grateful Dead auf Tournee zu gehen und ändert radikal das Repertoire und die Gruppenbesetzung. „Surf's up", ein fünf Jahre altes Lied, von Brian zusammen mit Van Dyke Parks geschrieben und einmal während einer Leonard Bernstein Show gespielt, wird Titelsong und Trendsetter der neuen LP.

Marty Balin verläßt die Jefferson Airplane um sich einer anderen S. F. Gruppe, Grootna, anzuschließen, Grace Slick hat einen schweren Autounfall. Trotzdem bringen sie und Paul Kantner unter dem Namen Jefferson Starship die beiden ersten großen Grunt-Studioproduktionen auf den Markt. Mitwirkende an dem globalen Science-fiction-Opus: ganz Kalifornien, wenn man alle Namen der Musiker aufführen möchte.

Auch bei Steppenwolf knisterts im Gebälk. Gitarrist Larry Byron wird von Kent Henry, früher Blues Image, ersetzt und Nicky Hopkins verläßt Quicksilver Messenger Service, um bei den Engländern McGuiness Flint einzusteigen.

Am 3. Juli 1971 stirbt James Douglas Morrison, kurz Jim Morrison, Poet, Sänger, Musiker und Filmemacher in Paris. Erst am 9. Juli, zwei Tage nach seinem Begräbnis auf dem Friedhof Pere Lachaise wird die News an die Presse herausgegeben. Todesursache: Herzversagen. Morrison hatte sich im März nach Paris zurückgezogen, um an einem Dreh-

klar, ob er jemals wieder
auftreten würde.
Das „Fillmore West"
endgültig seine Pforten,
macht weiterhin Veran
„Winterland".
„Rainbow Bridge", ein
mit Jimi Hendrix, wird v
Zappa und seine Mütter
Kaylan und Mark Vol
Turtles, reicher geworde
London „200 Motels" ab.

Und heut

Anfang 1972 stellt ma
schäftsführung der Fillm
daß diese unrentabel gew
stellt die Produktion rapi
Viele Musiker geben b
in diesem Jahr nur noch
kampagne von McGovern
den, und in New Yo
Sympathiekonzert statt,
anderem James Taylor,
Barbra Streisand und Qu
treten.
Im Juli hat die „Legali
Bewegung" 231 000 Ur
Kalifornien zusammen, z
Volksbegehren. Und na
wieder zum Präsidenten g
ist, meint James Taylor:
gewinn hat mit einem Sc
nen, daß Rock eine neue
bringen könnte, zunicht
diese Benefizkonzerte für

Viele Musiker geben bekannt, dass sie in diesem Jahr nur noch für die Wahlkampagne von McGovern auftreten werden und in New York findet ein Sympathiekonzert statt, bei dem unter anderem James Taylor, Carole King, Barbra Streisand und Quincy Jones auftreten.

Im Juli hat die »Legalisiert-Marihuana-Bewegung« 231.000 Unterschriften in Kalifornien zusammen, zu wenig für ein Volksbegehren. Und nachdem Nixon wieder zum Präsidenten gewählt worden ist, meint James Taylor: »Nixons Wahlgewinn hat mit einem Schlag alle Illusionen, dass Rock eine neue Kultur hervorbringen könnte, zunichte gemacht. All diese Benefizkonzerte für McGovern waren umsonst und man kann jetzt Rock wirklich auf seinen Ausgangspunkt zurückführen: eine Art Geld zu verdienen.«

Wir in Europa bekommen nun, gut zehn Jahre danach, mit der Tournee der Grateful Dead einen blassen Nachgeschmack dessen, was da ganz ohne uns vorgegangen ist, und für manchen wird der Mythos, der zur Legende wurde, Wirklichkeit; wir werden überrascht von der Arbeits- und Lebensweise dieser humanen Musikerorganisation, die mit 44 Freunden und zugleich Mitarbeitern im Bus durch Europa reist ... »auf der Suche nach der Zusammensetzung der westlichen Zivilisation, weil Kalifornien eine Art Endstation für diese Traditionen ist, die in Europa entstanden sind, gleichgültig welche«, so Jerry Garcia.

Die Westcoast lebt weiter, heute vielleicht nur ein wenig ungewöhnlicher als andere von Musik und Musikern geprägte Orte, oder, wie Bill Graham, der Mann, der nicht nur alles miterlebt, sondern vieles in Bewegung und Geld umsetzte, einmal über die Charlatans, S.F.s älteste Gruppe, meinte: »Sie sind das, was San Francisco wirklich war und geworden ist, eine verrückte Mischung aus Kommerzialität und Kreativität, Hipness und Business, Illusion und Wirklichkeit.«

Bibliographie und Quellen:

Rolling Stone, *Crawdaddy*, *Zigzag* etc.

Ralph J. Gleason: »The Jefferson Airplane and the San Francisco Sound«, New York 1969

Lillian Roxon: »Rock Encyclopedia«, New York 1969

Siegfried Schober: »Let it bleed. Die Rolling Stones in Altamont«, München 1970

Jerry Rubin: »Do it! Scenario für die Revolution«, Reinbek bei Hamburg 1971

… und viele gute alte Zeitungen, Presseinfos und Eigeninterviews!

sen Nachge-
ınz ohne uns
ıanchen wird
ende wurde,
berrascht von
ise dieser hu-
n, die mit
Mitarbeitern
. . . „auf der
nsetzung der
l Kalifornien
ese Traditio-
standen sind,
y Garcia.
er, heute viel-
öhnlicher als
ikern gepräg-
Graham, der
ıiterlebt, son-
nd Geld um-
Charlatans.
ite: „Sie sind
lich war und
te Mischung
Kreativität,
on und Wirk-

Quellen:

e, etc. Craw-

an Fransisco
ck Encyclo-

geninterviews!

★ ★ ★

Discographie:

(Nur die wichtigen oder im Artikel genannten LPs)

Jefferson Airplane:
Surrealistic Pillow (RCA LSP 3766)
After Bathing At Baxter's (RCA LSP 4545)
Bless Its Pointed Little Heads (RCA ?)
Grace Slick & The Great Society':
Vol I & II (Columbia G 30459, Import)
Janis Joplin & Big Brother & The Holding Company:
Cheep Thrills (CBS S 63 392)
Quicksilver Messenger Service:
Happy Trails (Capitol C 062–80 048)
Comin' Thru (Capitol C 062–81 121)
Country Joe & The Fish:
I Feel Like I'm Fixin' To Die (Vanguard SVRL 19 029, Import)
Here We Are Again (Vanguard SVRL 19 048)
Country Joe McDonald:
Thinking of Woody Guthrie (Vanguard SVRL 19 057, Import)
The Steve Miller Band:
Children of the Future (Capitol ST 2920) Import
Brave New World (Capitol SKAO 184) Import
It's a Beautiful Day:
LP (CBS S 63 722)

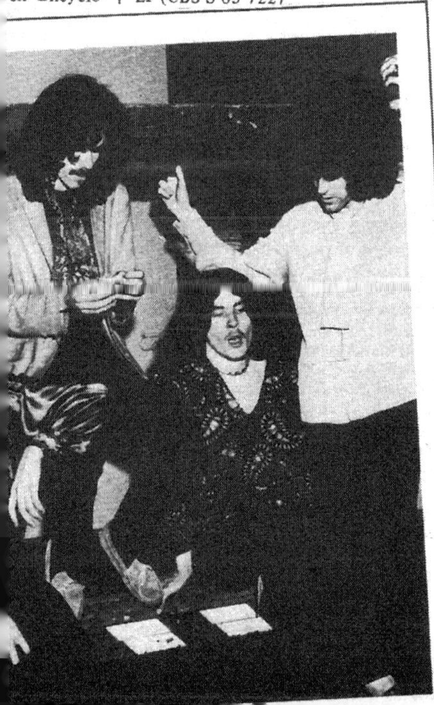

Import
Sly and The Family Stone:
Stand! (Epic BN 26 456)
Moby Grape:
Wow (CBS S 66 209)
Byrds:
Mr. Tambourine Man (CBS S 62
nur noch Import
The Turtles:
Turtles Golden Hits (White W
Import
Dillard & Clark/Flying Burrito Brot
Grass Roots (A & M AMLB 51038)
Love:
Love (Elektra EKS 74 001)
Out Here (Harvest 2232/33)
Mothers:
Freak Out (VERVE 710 003)
Uncle Meat (Reprise 64 005)
Buffalo Springfield:
Last Time Around (Atlantic 40077)
Crosby, Stills & Nash:
(Atlantic 40033)
Doors:
Strange Days (Exulta 42 016)
Waiting For The Sun (Exulta 42 04
L. A. Woman (Exulta 42 090)
Beach Boys:
Surfin' Safari (Capitol STK 74 024)
Smiley Smile (Capitol SMK 74 330)
Surf's up (C 062–92 744)
Spirit:
Twelve Dreams of Dr. Sardonicus (
BN 26 281)
Captain Beefheart:
Strictly Personal (Liberty LBS 83
Blue Cheer
(Philips 63 36001)
Steppenwolf:
Monster (Columbia 62–90 764)
Creedence Clearwater Revival:
Green River (Bellaphon 19003)
Sir Douglas Quintett:
The Return of Doug Saldana (Pl
6336012)
Mother Earth:
Bring Me Home (Reprise 44 [illegible])
Poco:
From The Inside (BN 26 565)
Hot Tuna:
Hot Tuna (RCA LSP 4353)
Jefferson Starship:
Blow Against The Empire (
LSP 4448)
New Riders of the Purple Sage:
(CBS 64 657)
Youngbloods:
Rock Festival (WB 46 050)
Grin:
1 + 1 (CBS S 64 652)
Janis Joplin:
Pearl (CBS S 64 188)
Santana:
I (CBS S 63 815)
Boz Scaggs:
Moments (CBS S 64 248)
The Last Days of the Fillmore

Discographie:

(Nur die wichtigen oder im Artikel genannten LPs)

Big Brother & The Holding Company:
Cheap Thrills (1968)

Blue Cheer:
Blue Cheer (1969)

Boz Scaggs:
Moments (1971)

Buffalo Springfield:
Last Time Around (1968)

Captain Beefheart:
Strictly Personal (1968)

Country Joe & The Fish:
I-Feel-Like-I'm-Fixin'-To-Die (1967)
Here We Are Again (1969)

Country Joe McDonald:
Thinking Of Woody Guthrie (1969)

Creedence Clearwater Revival:
Green River (1969)

Crosby, Stills & Nash:
Crosby, Stills & Nash (1969)

Dillard & Clarke/The Flying Burrito Brothers:
Grass Roots (1970)

Grace Slick & The Great Society:
How It Was (1968)
Conspicuous Only In Its Absence (1968)

Grateful Dead:
The Grateful Dead (1967)
Anthem Of The Sun (1968)

Grin:
1+1 (1972)

Hot Tuna:
Hot Tuna (1970)

It's a Beautiful Day:
It's A Beautiful Day (1969)

Janis Joplin:
Pearl (1971)

Jefferson Airplane:
Surrealistic Pillow (1967)
After Bathing At Baxter's (1967)
Bless Its Pointed Little Head (1969)

Love:
Love (1966)
Out Here (1969)

Moby Grape:
Wow (1968)

Mother Earth:
Bring Me Home (1971)

New Riders Of The Purple Sage:
New Riders Of The Purple Sage (1971)

Paul Kantner/Jefferson Starship:
Blow Against The Empire (1970)

Poco:
From The Inside (1971)

Quicksilver Messenger Service:
Happy Trails (1969)
Comin' Thru (1972)

Santana:
Santana (1969)

Sir Douglas Quintet:
The Return Of Doug Saldaña (1971)

Sly & The Family Stone:
Stand! (1969)

Spirit:
Twelve Dreams Of Dr. Sardonicus (1970)

Steppenwolf:
Monster (1969)

Steve Miller Band:
Children Of The Future (1968)
Brave New World (1969)

The Beach Boys:
  Surfin' Safari (1962)
  Smiley Smile (1967)
  Surf's Up (1971)

The Byrds:
  Mr. Tambourine Man (1965)

The Doors:
  Strange Days (1967)
  Waiting For The Sun (1968)
  L.A. Woman (1971)

The Mothers of Invention:
  Freak Out! (1966)
  Uncle Meat (1969)

The Turtles:
  Turtles Golden Hits (1967)

The Youngbloods:
  Rock Festival (1970)

Van Dyke Parks:
  Discover America (1972)

Various Artists:
  Fillmore: The Last Days (1972)

Anhang

Zwei Auszüge aus dem Buch »Tanz der Lemminge«

Aufforderung zum Tanz

[...]

Wir schreiben das Jahr 1967, die Beatles und fünf Jahre Popmusik, Protestmärsche der Atomwaffengegner und Anti-Vietnamkriegs-Demonstranten und die Gründung der APO liegen schon hinter uns, als Europas Jugend Kenntnis vom »Sommer der Liebe« an der Westküste Amerikas erhält. »If you're going to San Francisco, be sure to wear some flowers in your hair.« Die Botschaft wurde schnell zum Werbeslogan, um Ketten, Glöckchen, Ringe, Räucherstäbchen und indischen Firlefanz zu verkaufen. Wir empfanden uns als Teil der internationalen Studenten-, Jugend- und Musikbewegung, suchten aber gleichzeitig nach einem eigenen Sprachrohr. Überall saßen die Leute in den Startlöchern, warteten auf das entscheidende Signal. Es herrschte nur die trügerische Ruhe vor dem Sturm.

Nach Vorbild des Films nannte sich in München die »Viva-Maria-Gruppe« um Kunzelmann, Langhans, Teufel und Dutschke. Sie war Keimzelle der Kommune I, am 1.1.1967 in Berlin gegründet.

In San Francisco fanden sich 20.000 Gleichgesinnte zum ersten Free Concert »Gathering Of The Trips« im Golden Gate Park zusammen. Schwere Studentenunruhen erlebte nicht nur Barcelona. Schwere Zusammenstöße zwischen Polizei und Hippies führten bei einem *Peace-in* in Los Angeles zu zahlreichen Verletzten, und Flugblätter mit der Frage »Wann brennen die Berliner Kaufhäuser?«, die nach dem Kaufhausbrand im Brüsseler À l'innovation in Berlin auftauchten, lösten nationale Empörung aus. Günter Grass trug bei einem Protestmarsch gegen die polizeiliche Stürmung des Berliner SDS-Büros ein Plakat »Tausche Grundgesetz gegen die Bibel«. Und in München demonstrierten Studenten gegen die geplanten Tariferhöhungen der öffentlichen Verkehrsmittel. Beim Berliner Ostermarsch kam es erstmals zu Ausschreitungen gegen das Springer-Haus, kurz darauf wurden elf Kommunarden nach einem »Puddingattentat« auf US-Vizepräsident Hubert Humphrey verhaftet. So standen die Dinge, als am 2. Juni ein Ereignis die Idee von der friedlichen Veränderung der Welt, einer Politisierung mit Spaß und Happening, in Frage stellte. Der Student Benno Ohnesorg war während einer Demonstration gegen den Schah das Opfer einer Polizeikugel geworden. Für viele war das die Initialzündung, manch einer hat seinen Glauben an die demokratische Bundesrepublik verloren, für viele wurde er zumindest angeknackst, andere, bis dahin eher gleichgültig, abwartend und distanziert, wurden durch diesen Schock emotional politisiert.

[...]

Als Buchhändlerlehrling im Gerhard Szczesny Verlag, München, lernte ich die Autoren Bertrand Russell, A. S. Neill, die Autoren der »Club Voltaire«-Reihe und ihre Bücher kennen, war als Mitglied der »Humanistischen Union« dementsprechend human-liberal orientiert. Mit 180 DM Lehrlingsgehalt wohnte ich in einem Jugendheim der Arbeiterwohlfahrt »Rädda Barnen«, kurz Schwedenheim genannt, in einem 1½ x 2 m großen Zimmer bei 189 DM Miete. Die meisten der ca. 200 Heimbewohner waren, wie ich, Wohlfahrtsfälle in einem Wirtschaftswunderland. Wir fühlten uns von der Wohlstandsgesellschaft betrogen und das verband uns – Lehrlinge, Schüler und Studenten. Und dann war da noch die Popmusik!

Auch wenn wir die Texte der Rolling Stones, Beatles, der Animals und Kinks nicht richtig verstanden, wir wussten, um was es ging. Es ging um uns, um unsere Probleme. Es war unsere Sprache, unsere Musik. Da begannen meine intellektuellen Freunde gerade diese Musik für sich zu entdecken. Dabei geholfen hat ihnen sicher der rührige und wohlinformierte Uwe Nettelbeck[1] mit seinen Textinterpretationen und Musikanalysen, mit denen er nicht nur die Musik der Beatles auf das Niveau der »Neuen Modernen« hob. So war in *Aspekte* im November folgendes in einem Artikel über »Pot Music«[2] zu lesen: »Dann kam ›Revolver‹. In ›Tomorrow Never Knows‹, dem letzten Titel des

---

1 Uwe Nettelbeck, freier Journalist und Autor für Film, Musik, Gerichtsreportagen; Produzent der Gruppe Faust; Herausgeber der Zeitschrift *Die Republik*.

2 Pot = damalige Bezeichnung für Drogen.

Albums, zitierten John Lennon und Paul McCartney eine Zeile aus ›The Psychedelic Experience‹, einer Art »Guide Michelin« für LSD-Trips, den die Havard *Drop-outs* Timothy Leary[3], Ralph Metzner und Richard Alpert im August 1964 in New York veröffentlicht hatten: »Turn off your mind, relax and float downstream ... Das war das Signal.«

Die bis dato als trivial und proletarisch verpönte Popmusik wurde in einem elitären Kreis schick und gesellschaftsfähig. Auch die konservativen Medien stellten sich allmählich auf die neuen Bedürfnisse ein. Am 5.6.67 startete der Bayerische Rundfunk nach etlichen Vorlaufsendungen die erste Jugendmusiksendung, den täglichen »Club 16«. Georg Kostya, Discjockey der ersten Stunde, erinnert sich: »Mit ›Espresso um 4‹ hat es im April '65 begonnen. Da gab's noch gar nichts, weder eine Musiksendung, noch Plattenbesprechungen. Gespielt wurden in jeder Sendung natürlich die Beatles, dann Musik von Elvis Presley, Tom Jones, Sandie Shaw, Petula Clark, Bill Haley, den Rolling Stones, Searchers und dazwischen Dean Martin. Man kann sehen, dass es so beatig nicht gewesen ist, da war's noch sehr, sehr schütter. Wir haben uns am

---

3 Dr. Timothy Leary und seine beiden Kollegen, ehemalige Professoren der Harvard-Universität, USA, experimentierten seit 1963 mit der bewusstseinserweiternden Droge LSD und führten eine offene Kampagne für deren Legalität. Leary wurde zu einer Gefängnisstrafe von 30 Jahren verurteilt und tauchte mehrmals unter.

AFN orientiert, alles sehr schnell, mit viel Dampf und Gags. Da alles noch vom Band gespielt wurde, mussten wir manchmal wochenlang warten, bis eine Platte auf Band umgeschnitten war und gespielt werden konnte. Dann kam im Jahr 1966 der Industrieboykott, wo sich der BR weigerte, mehr an die Plattenfirmen zu bezahlen. In der Zeit fuhren wir platten-los, holten deutsche und englische Bands ins Studio, veranstalteten einen Beat-Wettbewerb für bayerische Bands, den die Improved Sound Limited, heute Condor, gewannen.

Als dann auch noch der Ö3[4] angekündigt wurde, war's klar. So konnte es nicht weitergehen. Entweder man verliert die Hörer oder man macht selbst etwas. Der damalige Leiter des Jugendfunks, Reinhard W. Schmidt, fuhr mit seinem Redakteur Rüdiger Stolze zu Radio Luxemburg, um darüber eine kritische Sendung zu machen. Aber sie waren von der Lebendigkeit und Spontaneität, die dort herrschte, so beeindruckt, dass es eine positive Sendung wurde. Daraufhin wurde für den BR die erste Discjockey-Anlage konzipiert. Die erste Sendung lief am Montag, wo Werner Götze nur ›Sgt. Pepper‹ spielte.«

Auch ich hörte »Club 16«[5], ohne zu ahnen, dass ich sieben Jahre später dort als Discjockey hinterm Mikro-

---

4 Ö3 = österreichischer Rundfunk, 3. Programm, spezialisiert auf Rockmusik.

5 »Club 16« wurde im Rahmen der Programmreform Ende 1978 in die Nachfolgesendung »Zündfunk-Club« integriert.

fon sitzen würde, mehr aber noch Radio Luxemburg, denn an die neuesten Informationen und Platten war schwer ranzukommen. Zwar hatte ein gewisser Rainer Blome eine Musikzeitschrift gestartet, *Sounds*, aber davon wusste ich nichts. Die deutsche Musikjournaille beschränkte sich nach wie vor auf *Bravo*. Am ehesten fand man noch in *Konkret* seine eigene Stimmung widergespiegelt. »Swinging London«, was steckte wirklich dahinter? Ich wollte es genau wissen, an Ort und Stelle erleben. Dazu fehlte erst mal das Geld. Durch meinen Bruder, freier Mitarbeiter der Zeitschrift *Filmkritik*, erfuhr ich von einem Drehbuchwettbewerb des Literarischen Colloquiums Berlin. Ich reichte ein Exposé für einen Kurzfilm ein und wurde Anfang Juli überraschend zu einem Arbeitsgespräch nach Berlin eingeladen.

In der vornehmen Villa am Wannsee lernte ich Uwe Brandner, Roland Kick und Georg Moorse kennen, fühlte mich aber unter den literarisch-cineastisch Älteren als Außenseiter. Dafür erlebte ich in Berlin die fieberhafte Aktivität der Jungen, die ganz anders als in München zwischen Pop und Politik eine eigene Lebensweise ausprobierten.

Etwa zur gleichen Zeit feierten die Popmusik-Fans ihr erstes großes Festival, das Monterey International Pop Festival, bei dem u. a. Big Brother & The Holding Company mit Janis Joplin, Jefferson Airplane, Steve Miller Band, Country Joe & The Fish, Quicksilver Messenger Service, Jimi Hendrix, The Who, The Mamas and the Papas, Otis Redding, The Butterfield Blues Band, The Electric Flag auftraten.

In New York hatten sich 4000 Provos im Tomkins Square Park zu einem *Smoke-in* getroffen und vor den Augen der Polizei drei Kilo Marihuana verraucht, die Beatles hatten in einer weltweiten Live-Fernsehübertragung »All You Need Is Love« gesungen, von den Doors erschien »Light My Fire«.

Begeistert kam ich zurück, mit einem Stipendium in der Tasche, um das Drehbuch zu schreiben.

Dies Geld sollte das Grundkapital für alles werden, was ich ab da machte. Die erste Schreibmaschine wurde davon finanziert und versetzte mich in einen Schreibrausch, durch den ich mich immer mehr von der lethargischen Heimgemeinschaft absonderte. Und mit dem Rest kaufte ich ein Flugticket nach London, das mir ein befreundeter Jurastudent über Studenten-Reisen billig besorgte. Er war es auch, der mir das minimal nötige Reisegeld lieh. Und auf seinen Namen flog ich am 14.8. in einer Chartermaschine nach London. Es war der Start in ein neues turbulentes Leben.

Je weiter, desto besser

Das Jahr 1973 begann orientierungslos und mit der Gewissheit, dass ein längeres Festklammern an den Idealen und Illusionen der 60er Jahre nur Schönfärberei und Augenwischerei wäre. So, wie die Politischen längst in einen neuen Lernprozess eingetreten waren und auch Fehler eingestehen mussten, die sie in der Vergangenheit gemacht hatten, so wie sie persönlich Bilanz gezogen hatten, war das auch bei uns vonnöten. Kein Wunder, dass das Jahr 1973 das der totalen Extreme wurde. Da stand ein starker Trend zu total wertfreier, purer Unterhaltungsmusik ins Haus mit dem synthetischen Philly-Sound, der die noch immer anhaltende Disco-Welle auslöste, da schossen fröhliche Teenybopper-Bands aus dem Boden, da schwelgten die Leute in nostalgischen Revivals und der Vorstellung von der »guten alten Zeit«, da verdeckten übertriebene Äußerlichkeiten, Theatereffekte und pompöse Bühnenshows die inhaltliche Leere, schockierten dekadente Auswüchse und Solostar-Trips den geheiligten Bühnenboden der Rockmusik und funktionierten ihn zu einem Showbusiness-Studio hollywoodscher Machart um. Es war eigentlich alles möglich und passierte parallel, es war ein völliges Konglomerat aus mehreren Jahrzehnten mit Ausnahme des Augenblicklichen, das man beschämt ignorierte. Nur wenige der aufsteigenden neuen Stars schafften es, aus dieser Mischung noch zusätzliche Impulse für Neues zu geben oder zumindest dieses dekadente Treiben zeitgemäß zu reflektieren und zu interpretieren, Roxy Music gehörten dazu und David Bowie, nicht aber ihre große Gefolgschaft aus Glitter- und Glamourrockern, die sich nur aus dem historischen Kostümfundus ein paar billige Gags ausliehen. Die Szene war so unübersichtlich geworden und die Behauptung vieler Leute, der Rock sei nun endgültig gestorben, an der Tagesordnung, denn wer wollte schon Prognosen für die Zukunft anstellen? Man beschränkte sich darauf, zurückzublicken und zu lamentieren.

Bis Mitte Januar ließ ich mich durch die Londoner Szene treiben, dann kehrte ich nach Deutschland zurück. Ich hatte das Angebot, mehrere Wochen lang für ein paar englische Musikgruppen in Amerika Tourneebegleiter zu spielen angenommen, und diese »Weltflucht« kam mir gerade passend. Wo konnte ich besser etwas über den Musikbetrieb hinter den Kulissen erfahren als auf einem Trip durch das Geburtsland der Rockmusik, und da auf Tuchfühlung? Und ehrlich gesagt stand mir auch der provinzielle, gequälte Mief der deutschen Szene bis zum Hals. Am 31. Januar brach ich also auf ins Ungewisse. Da standen Carly Simon mit »You're So Vain«, Stevie Wonder mit »Superstition«, Sweet mit »Blockbuster« und Slade mit »Slayed?« in den Hitparaden, befanden sich die Flughäfen in der Bundesrepublik in höchster

Alarmbereitschaft, weil ein arabischer Raketenangriff angedroht worden war, hatte die IRA den deutschen Konsul in Nordirland entführt, wurde die Verleihung des Friedensnobelpreises an H.A. Kissinger und Lê Đức Thọ zur Beendigung des Vietnamkrieges politisch kritisiert, war Timothy Leary von FBI-Agenten in Kabul verhaftet worden, hatten die Rolling Stones ein Benefizkonzert im Los Angeles' »Forum« für die Erdbebenopfer von Nicaragua gegeben.

Ich reiste auf einer völlig unsinnigen Route, die ein geistesschwacher US-Veranstalter verbrochen hatte, mit der Reggae-Band The Wailers, Free, Traffic, John Martyn und Amazing Blondel im Zickzack-Kurs durch die Staaten. Da blieb kaum Zeit für Sightseeing, zum Verarbeiten der unzähligen neuen Eindrücke, die wie die bunten Neonreklamen und Werbespots des US-Fernsehens auf mich einstürmten, denn der Tagesablauf variierte kaum – im Gegensatz zu den Staaten und Städten, die wir durchquerten: Flughafen, Hotel, Konzerthalle, Restaurant, Hotel. Zwischen New York-Los Angeles-Ohio-Atlanta-Boston-Chicago-New Orleans-New York usw. wurde ich langsam Mädchen für alles, lernte ich die Hochs und Tiefs eines Musiker-Alltags kennen, die Marotten und Meisen, Vorurteile und Launen, die Abhängigkeit und Machtspiele der Stars, aber auch ihre Angst, Freundschaft, Hilflosigkeit und Unselbständigkeit, den Stress, der durch extreme und ungesunde Lebensweise ständig herrschte, und den die meisten nur durch destruktiven Konsum von Drogen aller Art durchstanden. Und langsam gingen mir meine ausländischen Kollegen von der Musikpresse ebenso auf die Nerven wie den Musikern selbst, konnte ich die sich täglich wiederholende Litanei der Interviewfragen und -antworten auswendig. Diese Erfahrungen haben mir später bei meinem eigenen Verhalten Musikern gegenüber sehr geholfen, denn ich kannte die Spielchen und wusste, dass man in gewissen Situationen lieber über Zitronencreme statt über Gitarrensoli sprechen muss, um nicht sofort auf Granit zu beißen. Wer tagaus, tagein nicht wie ein normaler Mensch, sondern wie ein göttliches, unfehlbares Wesen behandelt wird, der kann auch nach einiger Zeit nur noch so reagieren. Es war komisch, erst indem ich die Distanz zum Musikbetrieb aufgegeben hatte, gewann ich sie einigermaßen für später. Die überraschendste Erfahrung aber, die ich machte, war, dass ich inmitten von Amerikas neu aufblühendem Musikzentrum, in Georgia, das sich mit dem Southern Rock und Gruppen wie The Allman Brothers Band, Lynyrd Skynyrd oder Wet Willie internationalen Ruf verschaffte, die überzeugtesten Fans deutscher Rockmusik kennenlernte. Nicht nur Namen wie Amon Düül II, Can oder Tangerine Dream wurden mit Ehrfurcht ausgesprochen, sondern Gruppen, die man nicht einmal bei uns besonders kannte. Natürlich täuschte das über die tatsächliche Lage hinweg, war verführerisch, denn schnell kam ich dahinter, dass es für eine kleine Minderheit besonders *campy* und *chic* war, deutsche Musik zu hören, besonders in einem Land, dem nichts exotischer als deutsche Kultur erschien. Dennoch, die Chance für einen Erfolg war da, aber nicht die Mittel, um sie zu nutzen.

Während ich durch die USA tingelte, von Provinznestern zu Metropolen, war der Ölboykott der Araber das weltweite Thema. Plötzlich herrschte allerorts eine fast panische Aufregung, die auch die Musikbranche ergriff. Denn schließlich ist Rockmusik heute ja ohne großen technischen Aufwand und somit Energieverbrauch gar nicht zu denken. Reihenweise fielen Tourneen ins Wasser, da die Amerikaner erst mal Strom in den Konzerthallen sparen wollten; auch die Plattenfirmen kamen ins Schleudern, denn mit dem Öl wurde das Vinyl knapp und teurer, das Ergebnis: immer dünnere Platten von immer schlechterer Qualität. Eine neue Bewegung entstand, die der bis dahin etwas mitleidig belächelten Umweltschutzgemeinde enormen Aufschwung verlieh. Und gleichzeitig, nahm die Vergnügungssucht, wie in jeder Katastrophensituation, enorm zu.

Ich ließ mich nach der anstrengenden Reise erst mal in Kalifornien bei den Leuten von Grateful Dead nieder, um wieder ein normaler Mensch zu werden. Und dadurch kam mir ein neues Ziel, das in jener Zeit die einzige Alternative schien: das Landleben. Die nächste Station war dann Lizas Wohnung in Amsterdam: das totale Kontrastprogramm. Sie lebte inzwischen in der futuristischen Trabantenstadt Bijlmermeer, heute ein Vorstadtgetto, wo es für sie als Ausländerin die einzige

Möglichkeit gab, eine vernünftige Wohnung im Sozialstaat Holland zu bekommen. Auch bei ihr war im Privatleben das Chaos ausgebrochen, seit sie sich von ihrem holländischen Freund getrennt hatte. Sie teilte die viel zu teure Wohnung mit zwei Studenten der Sozialakademie, von denen der eine gerade seine makrobiotische Meditationsphase durchlebte und der andere sich endlich zu seiner Homosexualität bekennen wollte. Wir hatten also Gesprächsstoff und Probleme, die wir nächtelang durchdiskutieren konnten. Und irgendwie passte diese Wohngemeinschaft, die zwischen den beiden Extremen von Naturverbundenheit, Gesundheit und Natürlichkeit und »Anormalität«, Dekadenz und Vergnügungssucht hin- und herschwankte, genau zu jener Zeitstimmung. Ich konnte mich für keine Seite entscheiden und war dementsprechend unzufrieden, zerrissen.

Meine Informationsreise durch verschiedene Weltanschauungen ging merkwürdige Wege: Astrologie, Yoga, Meditation, Buddhismus und Spiritismus. Die Idee einer Landkommune tauchte am Horizont dieser Betonwüste auf, aber da hatte mich meine Unentschlossenheit auch schon nach England verschlagen. Dort teilte ich die ländliche Idylle mit einem Musikfreund, dem ein Herrschaftshaus aus dem 17. Jahrhundert gehörte. Es lag in einem 50-Seelen-Ort gegenüber dem mittelalterlichen Friedhof, drei Autostunden von London entfernt. Da lernte ich das ziemlich kleinbürgerliche, klassenbewusste und absolut nicht alternative oder intellektuelle Leben eines Durchschnittsrockmusikers kennen der nichts anderes im Kopf als die Jagd, das Bankkonto, die Musik und ein intaktes, patriarchisches Familienleben hatte.

Hätte ich nicht die letzten Folgen meiner Westcoast-Serie zu schreiben gehabt, ich wäre wohl aus Langeweile gestorben. Dieser Pseudofrieden, diese heile Welt brachte mein labiles Seelenleben vollends aus dem Gleichgewicht. Ich erkannte und akzeptierte, dass ich ein Mensch war, der nicht ohne das nervenzehrende, dekadente, kaputte Großstadt-Rock'n'Roll-Leben existieren konnte. Ich trat die Flucht nach vorn an, reiste durch englische Industriestädte, bis ich schließlich in Manchester Roxy Music traf. Ich begleitete sie auf ihrer Provinztournee und begegnete, inmitten Nordenglands, in einem Kaff namens Cleethorpes, der deutschen Gruppe Atlantis, die soeben ihre erste Englandtournee unter größten Entbehrungen absolvierte. Ich war nie sonderlich heimatbewusst oder patriotisch, aber nach dieser Begegnung hatte ich nur noch eines im Kopf: so schnell wie möglich nach Deutschland. Was natürlich nichts anderes bedeutete als so schnell wie möglich wieder ins Getümmel, raus aus dem verstaubten Landarchiv und aus einem Lebensstil, den vielleicht meine Großeltern geschätzt hätten. Diese anachronistische Gediegenheit hatte mir den Appetit auf weitere Landexkursionen gründlich verdorben. Und außerdem sah ich die ach so rebellischen englischen Rockmusiker plötzlich in einem ganz anderen Licht.

Ihre modernistische Popigkeit war wirklich nichts anderes als die Show spießbürgerlicher Emporkömmlinge. Natürlich gab es auch Ausnahmen, gibt es immer noch, aber das sind verdammt wenige. Durch Atlantis gelangte ich jedenfalls erst mal nach London zurück, wo ich mein Nachholbedürfnis an Informationen gründlich stillte.

Mitte April kam dann Rüdiger und holte mich nach Deutschland zurück. In Frankfurt machten wir Zwischenstation. Wahrscheinlich ging es mir genauso wie anderen, die von ihrem ersten Amerikaaufenthalt zurückkehrten: ich kam nicht mehr mit den Dimensionen klar, hatte auch die Relationen verloren. Ich fühlte mich ziemlich fremd. Frankfurt als neutrale Stadt war deshalb ideal für meinen Rückgewöhnungsprozess. Was auf der internationalen Musikszene passiert war, kannte ich längst. Ich kam mir vor wie ein Kind, das die Schule gewechselt hat und denselben Stoff noch einmal wiederholen muss. Es gab Alice Coopers »Billion Dollar Babies«, das Faces-Album »Ooh La La«, Led Zeppelins »Houses Of The Holy« und in der Hitparade Gilbert O'Sullivan mit »Get Down«. Nur was auf der deutschen Szene passiert war, hatte ich nachzuholen.

[...]

Textnachweis

»Der Westcoast-Mythos. Eine leicht verklärte Erinnerung« erschien zuerst als fünfteilige Serie in *Sounds* 1973 (Ausgaben 3–7).

Die Texte »Aufforderung zum Tanz« und »Je weiter, desto besser« sind gekürzte Kapitel aus Ingeborg Schobers Buch »Tanz der Lemminge«, Reinbek bei Hamburg 1979.

Bildnachweis

S. 6 Archiv, undatiert
S. 75 George Garrigues
S. 91 Bryan Costales
S. 110 Mark Goff
S. 157 Archiv, undatiert

Faksimiles S. 14, 17, 24, 29, 34: *Sounds* 3/1973
Faksimiles S. 41, 44, 48, 52, 57: *Sounds* 4/1973
Faksimiles S. 64, 68, 73, 77, 83: *Sounds* 5/1973
Faksimiles S. 87, 94, 100, 104, 107: *Sounds* 6/1973
Faksimiles S. 114, 120, 127, 131, 135: *Sounds* 7/1973

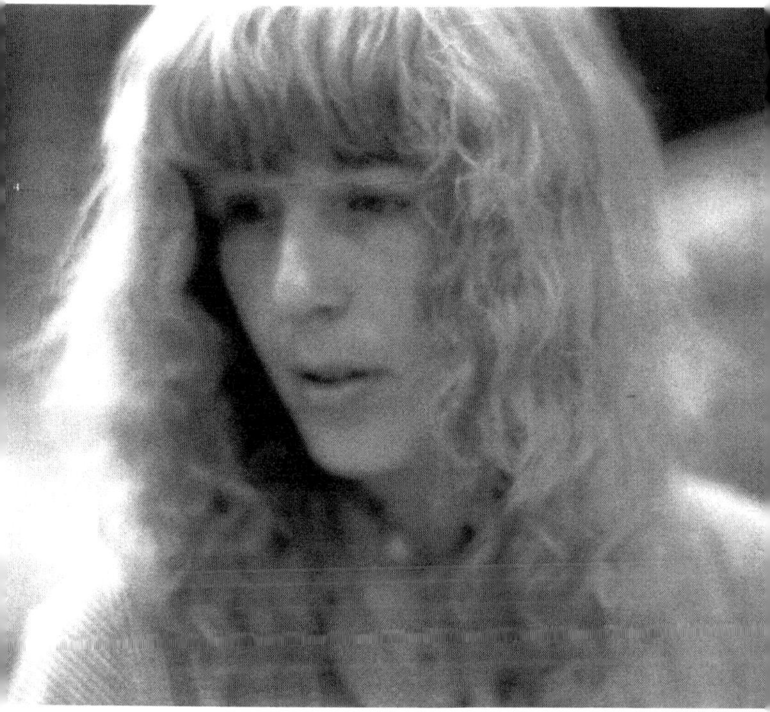

Ingeborg Schober

Die Zukunft war gestern

Essays, Gespräche und Reportagen

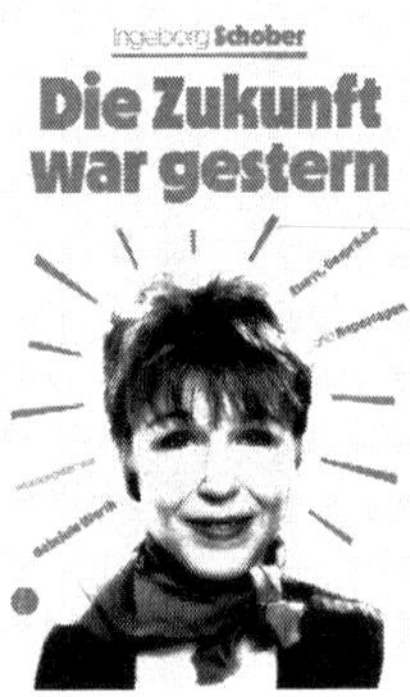

Ende der 60er Jahre, als der Musikjournalismus noch in den Kinderschuhen steckte und von Männern dominiert war, profilierte sich Ingeborg Schober (1947–2010) als erste Rockmusikjournalistin der Bundesrepublik.
In der Münchner Szene zu Hause, verfasste sie vor allem in den 70er und 80er Jahren Artikel für *Sounds*, *Musikexpress* und *Rock Session*; reiste dafür nach London, Amsterdam, Tokio und Atlanta.
Stets an experimentellen Klängen interessiert, begleitete Schober die deutsche Rockszene um Amon Düül und weitere »Krautrocker«, entdeckte früh die Avantgarde-Musiker Can und Elektronikpioniere wie Neu!, Kraftwerk und Michael Rother.
Mit ihrer authentischen, unterhaltenden sowie faktenreichen Schreibe bereitete sie hierzulande den Weg für New Wave-Künstler*innen wie Talking Heads, XTC, Human League und Ultravox.
Die Herausgeberin Gabriele Werth ediert in »Die Zukunft war gestern« eine Reihe von Schobers herausragenden und bis heute relevanten Texten.

Herausgegeben von Gabriele Werth

Ingeborg Schober: Die Zukunft war gestern
Mit zahlreichen Abbildungen und Gastbeiträgen
Hardcover 14,0 x 21,5 cm, 400 Seiten, ISBN 978-3-945715-79-6

www.verlag-reiffer.de

edition kopfkiosk

im Verlag Andreas Reiffer

Stand: Frühjahr 2022

Karsten Weyershausen

Der finale Notausgang

Suizid im Showgeschäft. 28 bewegende Biografien

Bd. 01 | ISBN 978-3-945715-60-4

Frank Schäfer

Die Neuerfindung des Rock'n'Roll

Essays

Bd. 02 | ISBN 978-3-945715-71-0

Carl Weissner

Aufzeichnungen über Außenseiter

Essays und Reportagen. Herausgegeben von Matthias Penzel

Bd. 03 (XL) | ISBN 978-3-945715-67-3

Frank Bröker

Hockey Hell of Fame

Zwölf bewegende Eishockeybiografien

Bd. 04 | ISBN 978-3-945715-03-1

Christina Mohr

Female Sound & Words

Von Riot Grrrls und Discodiven

Bd. 05 | ISBN 978-3-945715-86-4

www.verlag-reiffer.de